오늘의
중동을
말하다

오늘의 중동을 말하다

이슬람·테러·석유를 넘어,
중동의 어제와 오늘

서정민 지음

중앙books
JoongAng Ilbo

일러두기

1 이 책에서는 지리적 관점에 기반하여 '중동'이라는 용어를 사용하였다. 중동이라는 용어는 서방 세계의 관점이라는 점에서 논란이 있지만, 지리적 관점에서 서아시아라고 하면 이집트, 리비아 등 북아프리카 국가들을 포괄할 수 없기 때문이다.
2 본문 중 인·지명은 국립국어원의 외래어표기법에 따르되, 현지 발음을 고려하여 표기하였다.
3 본문 중 아랍어의 '알al'이 정관사로 쓰이는 경우, 하이픈을 사용하여 표기하였다. 예, 알-왈리드, 알-카에다, 알-누르 등.

2016년 초 사우디아라비아와 이란의 단교, 시아파와 수니파
의 본격적 갈등, 이슬람국가Islamic State(이하 IS)가 자행하는 테러, 시리
아와 예멘의 내전 등의 사건들을 지켜보면서 안타까움을 금할 수 없
다. 이로 인해 '중동은 화약고'라는 인식이 다시 부상하고 있다. 특히
시리아 내전으로 인한 대규모 난민 사태 그리고 IS가 저지르는 참수와
화형 등이 일반인들에게 너무나 크게 각인되어버렸다. 때문에 '중동'
이라는 단어를 접하는 사람들은 이렇게 부정적이고 폭력적인 이미지
를 떠올린다. 또 테러와 이슬람을 연계시킨 나머지 종교 자체에 대한
거부감도 고착화되어 있다. 2016년 5월 초에는 이란 방문 시 박근혜 대
통령이 쓴 루싸리(이란어로 히잡)가 여러 언론에서 쟁점이 되기도 했다.

우리의 뇌리에 저장된 중동에 대한 또 다른 이미지는 그나마 낭만
적인 사막과 오아시스다. 많은 사람들이 뜨거운 모래가 중동 전체를

덮고 있다고 생각한다. 중동을 말할 때 또 떠올릴 수 있는 것은 석유다. 특히 최근 저유가가 장기화되면서 세계 경제는 물론 우리나라의 저성장에도 영향을 주고 있다. 과거 고유가 시대에 중동은 원유 수출로 벌어들인 막대한 부로 사치를 누리는 곳이라는 이미지도 강했다. 한 개그 프로그램에 등장했던 '억수르' 왕자의 거만한 태도도 우리 기억에 남아 있다. 어쨌든 고유가 시대든 저유가 시대든 중동의 석유 그리고 유가는 우리의 삶과 무관하지 않다.

그런데 왜 중동은 테러, 사막, 석유 등의 획일적인 이미지로만 비칠까? 우선 잘 모르기 때문이다. 구체적인 내용과 현실을 잘 모르고, 겉모습 그리고 일반적인 인상만을 기억한다. 예를 들어 '지부티'가 어디에 있는 나라인지도 모르면서, 그 나라의 문화나 정치 및 경제를 중동과 이슬람 종교라는 일반화된 이미지로 보고 있는 것이다. 사실 그동안 우리 정부나 학계 그리고 언론도 중동에 큰 관심을 기울이지 않았다. 언론은 주로 테러와 분쟁, 정부와 기업은 석유와 플랜트를 중심으로 한 경제적인 이해利害, 정부는 고위급 인사의 중동 방문에 맞춰 경제적 성과 홍보에만 집중해왔다.

중동에 대한 획일적인 이미지는 왜곡된 혹은 피상적인 정보에서 기인한다. 정보의 상당수가 서방에서 생산되고 있기 때문이다. 십자군 전쟁을 시작하고, 중동을 식민지화하고, 그리고 21세기에는 '테러와의 전쟁'을 벌이고 있는 서방 강대국에서 생산된 정보가 현재도 인터넷상에서 넘쳐나고 있다. 서방은 아프가니스탄과 이라크에서 전쟁을 시작해 정권을 교체하고, 다국적군을 주도적으로 결성해 테러와의 전쟁을 벌이고 시리아 내전에 개입하고, 서방 언론은 중동 및 이슬람권을 '적'으로 규정하면서 비판적인 정보를 쏟아내고 있다. 우리 언론이 내보내는 기사 역시 이런 정보와 담론을 기초로 한 것이다.

마지막으로 중동의 이미지가 이렇게 왜곡된 데에는 중동을 이슬람 종교의 틀로만 보려는 자세도 한몫한다. '폭력적인' 이슬람 종교 때문에 중동이 불안정하다고 보는 것이다. 그러나 실제로는 약 1,500년 이슬람 역사에서 테러가 거의 발생하지 않았다. 무고한 민간인에 대한 무차별 테러는 최근의 현상이다. 사실 현재 중동의 불안정성은 미진한 '국민국가 형성nation-state building' 때문이다. 중동 국가의 대부분이 서방이 국경을 획정해놓은 신생 국가라는 점에서 국가통합과 정체성 수립 그리고 이를 바탕으로 한 경제발전과 민주화 작업에 상당 시간이 걸릴 수밖에 없다.

그럼에도 불구하고 우리는 막연히 중동이 독특한 이슬람 종교와 문화로 인해 불안정하고, 우리와는 너무나 다른 정치·경제 발전과정을 거칠 것이라고 생각하는 경향이 있다. 물론 사막과 오아시스의 유목문화, 실제 국가를 건설한 이슬람 종교의 특성, 경제의 근간인 석유 등이 중동의 정치, 경제 및 사회, 문화에 큰 영향을 준다. 하지만 중동에도 우리와 같은 인간이 거주한다. 우리와 비슷한 고민을 하는 사람들이 사는 지역이다. 중동의 청년들도 하루에 다섯 번 예배를 어떻게 드릴까보다는, 우리의 젊은이들과 마찬가지로 직장을 구하기 위해 많은 고민을 하고 동분서주하고 있다.

한 가지 유념해둘 것은 중동과 이슬람 지역은 단일체monolithic가 아니라는 것이다. 중동 문화와 이슬람 종교라는 공통분모가 존재하기는 하지만 지나치게 일반화하는 것은 금물이다. '이슬람 세계는 여성을 억압한다.' '중동은 사막 지역이다.' '중동에서는 이슬람이 모든 것을 좌지우지한다.' 이 같은 지나친 일반화와 획일화는 가장 보편적인 오류라고 할 수 있다. 이는 우리가 제대로 중동을 이해하는 데 장애요소가 된다.

중동은 다양성이 존재하는 지역이다. 레바논TV에 등장하는 여성 MC의 복장은 우리보다 더 파격적이고 노출도 심하다. 이집트에서는 매 맞고 사는 남성의 수가 계속 급증하고 있다. 또 중동에는 뜨거운 사막만 존재하는 것이 아니다. 이란, 레바논, 시리아, 요르단, 이라크, 터키 등에는 겨울에 눈이 많이 내린다. 일부 국가에는 스키장도 있고 특히 이란의 보르즈 산에는 한여름을 제외하면 거의 1년 내내 눈이 쌓여 있다.

중동은 또 역사적으로 찬란한 문명과 세계 주류 종교가 탄생한 지역이다. 유대교, 이슬람 그리고 기독교의 뿌리가 모두 중동에 있다. 이들 종교가 정립되기 훨씬 이전에 중동에서는 인류 최초 그리고 최대 문명이라고 할 수 있는 메소포타미아 문명과 이집트 나일 강 문명이 발현했다. 그리스와 로마의 사상과 문명보다 2,000년 정도 앞선 문명이다. 당연히 후대 서양 문명에 큰 영향을 주었다. 중동과 이슬람 지역을 현시대의 모습으로서만 판단하는 것은 무리다. alcohol(알코올), sugar(설탕), tariff(관세), alchemy(연금술) 등의 영어 단어는 아랍어와 페르시아어에서 왔다. 중세에도 아랍어로 된 의학, 천문학, 수학 등의 학문과 발명품이 유럽으로 계속 전파되었음을 알 수 있다. 통시적인 시각을 가지고 다른 지역을 관찰하려는 자세가 절실히 요구된다.

이 책의 목적 중 하나는 중동의 정치, 사회, 그리고 종교에 대한 올바른 이해를 통해 경제 및 문화 협력을 독려하려는 것이다. 최근 중동의 경제 상황이 크게 바뀌고 있다. 가장 보수적인 사우디아라비아도 2016년 4월 '비전 2030'을 발표하고 탈석유화를 국가 기조로 공식 선언했다. 돈을 펑펑 쓰던 1970~80년대 1차 중동붐 때와는 확연히 다르다. 현재 중동 국가들은 미래지향적 성장 전략을 추진하고 있다. 단순히 원유를 수출하는 과거의 방식에서 탈피해, 가공해서 제품을 수출하는 석유화학산업에 막대한 투자를 하고 있다.

중동 국가들은 더 나아가 석유 관련 산업뿐만 아니라 제조업, 서비스업 등 분야를 다각화하여 투자를 확대하고 있다. 실업률을 낮추기 위해 다양한 분야에서 신성장 동력을 찾으려 노력하고 있다. 그 실탄은 막대한 석유 자본이다. 현재 중동 국가들은 석유에서 얻은 수입의 상당 부분을 사회간접시설 건설, 물가 안정, 일자리 창출 등 정국 안정과 관련된 부분에 투입하고 있다. 더불어 해외 투자에도 적극적이다. 거대한 중동의 국부펀드는 우리나라를 포함한 세계 경제에서 큰손으로 작용하고 있다. 이런 자본을 개발과 투자에 유치하거나 금융 협력을 하려는 노력과 아이디어가 필요한 상황이다.

특히 2016년부터는 이란 제재가 해제되면서 이 거대 시장이 다시 열리고 있는 상황이다. 이란은 기존의 중동 국가와는 규모와 분야 성격 모두 다른 시장이다. 먼저 규모 면에서는 8,000만 명 이상의 인구가 있는 거대한 시장이다. 이란은 중앙아시아와 주변 중동 국가라는 거대한 배후 시장도 가지고 있다. 제재 해제 이후 이란은 경제 재건에 나서며 중동 경제를 주도할 것이다. 이란은 향후 우리의 중동 내 다각적인 경제 협력 거점이 될 수 있는 국가다. 다양한 자원의 개발 및 가공과 현지 공동생산은 물론 주변국 수출의 협력국으로 부상할 것이다. 분야 면에서도 농업, 수산업, 물류, 제조업, 문화콘텐츠 제작, 방산 등 다각적인 협력을 추구할 수 있는 나라다.

이 책은 중동을 '안에서 들여다보는' 책이다. 서구적인 시각과 무지와 무관심에 의한 일반화된 모습이 아닌, 중동과 이슬람 지역의 실제 돌아가는 이야기를 적었다. 다루는 주제에 따라 이 책은 크게 세 부분으로 나뉜다. 먼저 중동을 이해하는 데 출발점이 되는 종교와 문화에서 시작해 정치 및 사회, 경제를 다룬다. 각 부분에는 중동을 이해할 수 있는 시각의 틀을 담았다. 중동의 다양성, 용어의 이해, 이슬람과 정치·경제 간의 관계, 석유와 중동 경제, 중동의 유목문화와 상인정신, 무엇보다 현재 급변하는 정치·경제 상황을 이해하기 쉽게 다뤘다. 그리고 마지막으로 중동에서의 비즈니스 매너 및 유의사항을 정리했다. 중동과 이슬람 문화에 관심 있는 일반인 및 학생, 현지에 진출하려는 기업인이나 출장을 떠나는 기업인과 직장인 그리고 중동을 탐방하려는 여행자가 현지를 제대로 파악할 수 있도록 도우려는 목적이다.

이 책을 통해 독자들은 중동의 정치·경제가 현재 왜 이런 상황에 처해 있는지 그리고 중동 사람들이 왜 그렇게 행동하는지를 이해할 수 있을 것이다. 이론에만 그친 책이 아니다. 필자가 학업과 취재를 위해 12년 동안 중동에서 실제로 거주하면서, 지난 30년 동안 현지를 연구하면서 그리고 현재도 매년 10회 이상 중동을 방문하면서 축적된 경험이 이 책에 녹아 있다.

중동은 다양한 민족과 종교가 공존하고 변화무쌍한 사상과 시각이 교차하고 때로는 충돌하는, 역동적인 지역이다. 강렬한 태양 아래 수천만 년 지속될 것 같은 사막만이 존재하는 지역이 아니다. 다양성은 더욱 커지고 최근에는 변화의 물결이 더욱 거세지는 격동의 무대다.

이 책을 읽고 독자들이 중동에 대해 더 깊은 관심을 가지게 되고 조금이라도 더 이해할 수 있게 되기를 바란다. 또한 중동에 대한 우리의 편견이 바뀌고 중동이 변하고 있다는 시각이 확산되기를 바란다. 나일 강, 유프라테스 강, 티그리스 강 물은 수억 년째 그대로 흐르고 있지만, 그 주변에 사는 사람들의 삶은 변하고 있다. 그리고 우리는 이런 변화를 따라가야 제대로 된 이해와 협력의 틀을 마련할 수 있을 것이다.

2016년 여름, 이문동에서
서정민

차례

1장

우리가 몰랐던
중동과 이슬람

중동은 다 이슬람일까?
그럼 이스라엘은?

아랍, 중동, 이슬람권. 흔히 중동 지역을 가리키는 명칭들이다. 중동을 이해하는 데 가장 기본적인 요건은 지역을 가리키는 용어를 정확히 알고 사용하는 것이다.

이란 그리고 사우디아라비아, 아랍에미리트UAE, 카타르, 오만, 바레인, 쿠웨이트 같은 걸프 지역 아랍 국가들을 가르는 바다의 명칭에는 양측의 오래된 갈등이 담겨 있다. 이란은 이 바다를 '페르시아 만', 아랍권은 '아라비아 만'이라고 명명하고 있다. 아랍권에서 지난 몇십 년 사이 아라비아 만이라 부르기 시작한 것이다. 호르무즈 해협 인근의 여러 섬들을 두고 양측 간 소유권 분쟁을 벌이고 있기도 하다. 우리의 독도와 동해 바다 이름을 놓고 일본이 제기하는 소유권과 명칭 논쟁과 유사하다.

2006년 5월 3일, 카타르의 셰이크 하마드 빈 칼리파 알 사니Sheikh

Hamad Bin Khalifa Al Thani 국왕은 이란 공식 방문 마지막 날 당혹스러운 경험을 했다. 칼리파 국왕은 환송식에서 '"아라비아 만" 지역의 영광과 화합을 위해 이란 축구대표팀과 친선경기를 하고 싶다'고 말했다. 그런데 이란의 마흐무드 아흐마디네자드 Mahmoud Ahmadinejad 대통령은 칼리파 국왕의 말이 채 끝나기도 전에 갑자기 끼어들어, '어렸을 적 국왕도 "페르시아 만"이라 불렀을 텐데 영국에서 학교를 다녀 잘 몰랐나'라고 불만을 표시했던 것이다. 칼리파 국왕은 얼굴이 붉어졌다. 그는 '어쨌든 이 바다는 우리 모두의 것입니다'라고 받아치고는 자리에 앉아버렸다.

최근 경제제재가 해제된 이란이 지역 패권을 노리면서 걸프 지역 아랍 국가들은 이 바다의 명칭과 영토 분쟁에서 열세에 놓일까 우려하고 있다. 중동 지역을 언급하는 용어 혹은 개념을 사용하는 데 있어서 상당한 주의가 필요한 이유다. 이를 반영하듯 영국의 권위 있는 지도제작사인 콜린스 Collins 는 이 바다를 그냥 '만 灣, The Gulf'이라고만 표기하고 있다.

이란과 아랍권은 역사적으로도 수천 년 동안 라이벌 관계에 있다. 최근에는 이것이 시아파와 수니파의 갈등으로 이어지고 있다. 때문에 이란 사람에게 '아랍의 상황이 어떤가?'라는 식의 질문을 던지면 아마 매우 불쾌해할 것이다. 터키도 과거에는 중동의 일부였으나 아랍 국가가 아니다. 뒤에서 자세히 설명하겠지만, 중동은 지정학적 개념이다. 이제부터 하나씩 살펴보자.

민족적 개념, 아랍

먼저 아랍은 아랍 민족을 의미한다. 그런데 혈족을 바탕으로 하는 민족적 개념이 아니다. 언어·문화적 정체성을 기반으로 하는 민족적 개념이다. 주로 아랍어를 사용하고 아랍 문화를 공유하고 있다는 '믿음' 혹은 '소속감'을 가진 사람들이다. 혈족을 바탕으로 하지 않는다

왼쪽부터 아랍권의 레바논 여성, 사우디 남성, 수단 여성

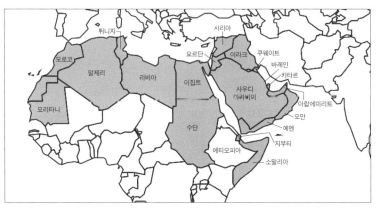

아랍 지도 (표시된 부분)

고 말하는 이유는, 아랍 국가들 중 완전히 다른 인종들이 존재하기 때문이다. 수단, 이집트 남부, 지부티, 소말리아 등에는 주로 아프리카계 흑인들이 거주한다. 북아프리카 국가, 즉 알제리, 튀니지, 이집트, 리비아 등에는 베르베르족이 상당수 살고 있다. 레바논, 이라크, 시리아 등에는 거의 백인에 가까운 사람들이 많다. 또 아라비아 반도에는 인도 등 아시아 국가들과의 혼혈 인종들이 발견된다. 터키인, 이스라엘인, 이란인도 아랍인과 상당히 유사한 외형을 가지는 경우가 많지만, 이들 나라 사람들은 아랍인이 아니다. 즉, 인종이나 혈족 그리고 생김새로 아랍인을 구분하는 것은 정확하지 않을 수도 있다.

따라서 어떤 나라가 아랍 국가인지 가장 쉽게 알 수 있는 방법은 언어다. 아랍어를 공식어로 사용하는 나라는 아랍 국가다. 아라비아 반도, 이라크에서 레바논까지의 북아라비아, 북아프리카, 동아프리카 해안 지역 국가들을 포함한다. 아랍연맹(1945년 결성)에 속해 있는 22개 국가들은 모두 아랍어를 사용하는 국가들이다. 시리아, 레바논, 요르단, 이라크, 사우디아라비아, 쿠웨이트, 바레인, 카타르, 아랍에미리트, 오만, 예멘(1991년 남북예멘 통합), 이집트, 수단, 지부티, 소말리아, 리비아, 튀니지, 알제리, 모로코, 모리타니 그리고 코모로다. 여기에 팔레스타인자치정부도 국제사회에서 정식 국가는 아니지만, 아랍연맹에서는 회원국으로 인정되고 있다. 따라서 아랍어를 공식어로 사용하지 않고 튀르크어를 사용하는 터키, 페르시아어를 사용하는 이란, 히브리어를 사용하는 이스라엘은 아랍에 포함되지 않는다.

지역적 개념, 중동

중동은 지역적 혹은 지정학적 개념이다. 상당히 논란의 대상이 되는 개념이다. 현재까지도 이 개념에 포함되는 나라들에 대해 일치된 의견은 없다. 어쨌든 학계에서 이견이 없는 중동의 범위는 아라비아 반도와 이란, 이라크, 시리아, 레바논, 팔레스타인, 요르단, 이집트 그리고 이스라엘이다. 터키는 과거에는 중동에 포함되었지만 터키 정부와 국민이 유럽연합 가입 의지가 있어 현재는 중동에 포함시키지 않는다.

중동이라는 개념이 더욱 논란이 되는 이유는 이것이 가진 유럽중심주의적 시각 때문이다. 이는 서방이 만들어낸 개념으로, 아랍인들은

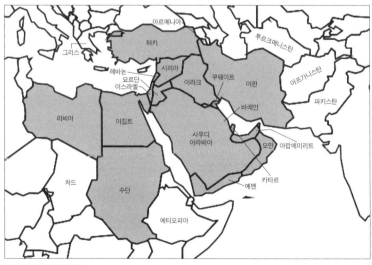

중동 지도 (표시된 부분)

이 중동이라는 용어를 좋아하지 않는다. 서방과 아랍의 불편한 관계를 고려해볼 때 유럽중심주의적 시각이 담긴 개념을 불편해하는 것은 어쩌면 당연한 것이다. 때문에 일부 학자들은 이 지역을 서아시아West Asia 라 칭하기도 한다. 그럼에도 불구하고, 이 책에서는 지정학적 의미에 중점을 두고 중동이라는 용어를 사용한다.

아랍인들이 중동 개념을 불편해하는 가장 큰 이유는, 이 용어가 이스라엘이 퍼뜨린 담론이라는 데 있다. 일부 아랍인들은 유럽과 미국이 정착시킨 중동의 개념을 유대인들이 널리 확산시켰다고 믿는다. 나름대로 근거는 있다.

1948년 팔레스타인 땅에 이스라엘을 건국한 유대인들의 입장에서는 이 지역이 아랍이라고 불려서는 안 되었다. 아랍이라는 용어가 확산될 경우, '아랍'이 아닌 이스라엘은 이 지역에 속하지 않는 이질적인 국가라는 인상을 주게 되기 때문이다. 그렇게 되면 상당히 심각한 심리적 안보 위협을 안고 살아갈 수밖에 없다. 그러나 지정학적 개념인 중동이 널리 사용될 경우에는 이스라엘도 자연스럽게 이 지역에 포함된다. 아랍인들은 이스라엘과 유대인들이 언론, 학계 그리고 재계를 장악하고 있어서 이런 담론이 확산 가능했다고 생각하는 것이다.

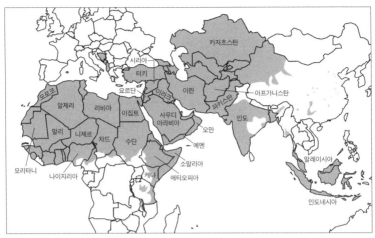

이슬람권 지도(표시된 부분)

종교적 개념, 이슬람권

이슬람권 혹은 이슬람 세계는 종교적 개념이다. 이슬람을 국교로 정한 나라와 무슬림이 다수를 차지하고 있는 모든 나라의 집합을 의미한다. 이슬람회의기구Organization of Islamic Conference, OIC 소속 57개 국가들이다. 이슬람 세계는 이스라엘을 제외한 중동 및 모든 아랍 국가들을 중심으로 동남아시아, 중앙아시아, 일부 동유럽 그리고 아프리카 지역에 분포되어 있다.

이슬람권이라는 개념은 향후 더욱 많이 쓰일 것으로 예상된다. 기독교를 가톨릭과 개신교로 나눈다면 이슬람은 이미 세계 최대 종교가 되었기 때문이다. 위키피디아에 따르면 2013년 기준 무슬림의 수는

16억 명이다. 전 세계에서 4명 중 1명은 무슬림이라는 얘기다. 여러 가지 이유가 있겠지만 가장 중요한 배경은 사우디, 이집트 등 이슬람 국가의 인구 폭증 때문이다. 이슬람에서는 낙태가 절대 허용되지 않는다. 태아는 알라의 창조물이기 때문에 인간이 손댈 수 없다는 것이다. 오일머니를 바탕으로 보건을 포함한 생활수준이 높아지면서 현재도 이슬람권은 세계에서 가장 높은 인구증가율을 보이고 있다. 또한 이슬람은 빠르게 전파되고 있는 종교다. 특히 아프리카 대륙에서는 이슬람권이 1킬로미터씩 남쪽으로 확대된다는 분석도 있을 정도다.

돼지고기 금지는 이슬람 전통일까, 중동 전통일까?

덧붙여 살펴보자. 중동에서는, 특히 무슬림들은 돼지고기를 먹지 않는다. 이런 전통이 아랍 전통, 중동 전통, 혹은 이슬람 전통 중 어디에 기원을 두고 있을까? 많은 사람들이 이를 '이슬람 전통'이라고 생각한다. '이슬람 문화'라고 하면 어느 정도 맞다. 현재 이슬람권에서 그렇게 하고 있기 때문이다. 그러나 이슬람 전통이라 하기에는 모호한 점이 있다. 이슬람 종교의 율법이나 관행에서 시작된 것이 아니기 때문이다. 이슬람 발생 이전에도 중동 지역의 유목민들은 돼지고기를 먹지 않았다. 이슬람보다 약 2,000년 이전에 등장한 유대교에서도 돼지고기 섭취를 금하고 있다.

돼지를 키우기가 불가능한 유목사회 환경

돼지고기를 먹지 않는 것은 이슬람 전통이라기보다는 중동의 전통이라고 보는 것이 타당하다. 중동의 기후 및 환경 때문에 돼지고기를 먹지 못하게 되거나 금하게 된 것이다. 중동에는 한여름 체감온도가 아닌 실제 수은주 온도가 50도를 넘어가는 곳이 많다. 냉장고도 없던 시절에 이런 기후에서 돼지고기를 섭취하는 것은 보건상 많은 문제를 야기했을 것이다. 때문에 공동체의 보건과 복리를 위해 돼지고기 섭취 금지를 종교적으로도 규정해놓은 것이다.

사막의 유목생활도 돼지고기 섭취 금지의 배경이 되었다. 유목민들은 대부분 농사를 짓지 않는다. 자신들이 먹을 식량도 부족하다. 때문에 인간이 먹이를 주어야 하는 돼지를 키우기란 쉽지 않다. 또 계속 이동해야 하는 상황에서 돼지를 몰고 다니기도 힘들다. 따라서 이슬람 발생 이전에도 중동의 사막에서는 돼지를 키우기가 사실상 불가능했다. 결국 돼지고기를 먹지 않는 것은 이슬람 전통이라기보다 중동 전통이라는 말이다.

이와 같은 용어의 혼선은 단순히 인식에만 영향을 주는 것이 아니라, 중동과의 교류와 협력에도 악영향을 줄 수 있다. 잘못된 용어의 선택은 현지인들에게 상당히 부정적인 인상을 안겨줄 수 있다. 대화의 시작을 이미지를 망친 채 하게 될 수도 있다는 것이다.

예를 들어보자. 이스라엘인과 대화를 하면서 '아랍'이라는 용어를 자주 쓰게 되면 불만을 표시할 것이다. 아랍과 이스라엘은 앙숙관계에 있다. '중동은 왜 폭력적이고 이상한가?'라는 질문을 던지면 더 화를 낼 것이다. 중동이라는 용어에는 이스라엘도 포함되기 때문이다. 이때는 아랍 혹은 이슬람권이라는 용어를 써야 한다.

중동은 우리와 너무나 **다른 곳**?

"중동 사람들을 만나면 어떻게 대해야 하죠, 우리와 상당히 다른데?" "중동권에서 생활하는 것이 힘들지는 않나요?" 중동을 여행하거나 이들 국가와 교류하려는 사람들이 가장 먼저 하는 질문들이다. 중동은 우리와 너무 다른 곳이라 교류하고 소통하기 어려운 곳이라는 인식이 팽배해 있다. 또 중동은 상당히 멀리 있는 곳 혹은 이상한 곳으로 생각하는 경우도 많다. 실제로 다른 점이 많다. 우선 사막의 기후와 환경이 우리와 크게 다르다. 생긴 것도 먹는 것도 다르고, 언어와 종교도 다르다. 분쟁도 많이 발생하고, 테러도 많이 발생하는 곳이디.

그러나 중동이 우리와 멀리 떨어져 있다는 것은 느낌상 그럴 뿐이다. 사실 지리적으로는 미국이나 유럽보다 더 가까운 곳에 위치하고 있다. 사우디아라비아 등 중동 국가의 상당수는 아시아 대륙에 위치해 있다. 또한 중동은 고대부터 아시아와 교류가 많았다. 페르시아 왕자가 신라로 망명해 신라 공주와 결혼했다는 내용의 서사시가 1,500여 년 전 등장했을 정도다. 《삼국사기》에는 중동 물품이 너무 많이 들어오다 보니, 신라 흥덕왕이 834년 사치품 수입금지령을 내렸다는 기록이 있다. 또한 신라 시대 황남대총 등에서는 중동의 유리 기구들이 출토됐고, 미추왕릉에서는 서역 여인의 얼굴이 새겨진 유리구슬이 발견된 바 있다. 이처럼 중동은 본격적으로 서양과 교류를 시작하기 1,000년 이상 전부터 우리와 무역관계를 가졌던 곳이다. 과거부터 이어진 중동과의 문화적 교류를 보다 정확히 이해한다면 인식상의 거리를 좁힐 수 있다.

동양적 가치와 전통을 유지하고 있는 중동

중동은 동양이다. 우리나라와 마찬가지로 오리엔트 문명권에 속해 있다. 팔레스타인 출신으로 미국의 문학평론가이자 사상가인 에드워드 사이드Edward Said는 대표 저서 《오리엔탈리즘Orientalism》에서 오리엔트인 중동을 두둔한다. 그는 기독교인으로서 서방 세계의 사상과 문화에 우호적이었지만, 서양이 동양을 보는 시각인 '오리엔탈리즘'을 비판한다. 서양 세계의 이해와 이념을 정당화하는 시각과 양식에 익숙한 서양의 동양학 학자들, 즉 오리엔탈리스트들에게 공정한 시각을 가질 것을 조언한다.

중동은 동양으로서 문화적 뿌리가 우리와 상당히 유사하다. 다만 과거 중동의 동양적 전통이 이슬람의 종교적 신념과 결합해 강력해지면서 현재까지 상당 부분 이어지고 있는 것이다. 그것이 매우 강력해서 21세기에도 변화하는 속도가 늦은 것이다. 이상하고 독특해서가 아니다. 우리가 동양적인 전통과 가치를 상당 부분 빠르게 버리고 서구화한 데 반해, 중동은 아직도 전통을 유지하고 있는 것이다. 일부에서는 중동 사람들이 이에 자긍심을 가지고 있어 앞으로도 바꾸지 않을 것이라고 장담하고 있다.

남성 중심 가부장적 사회의 전통, 베일과 장옷

우리는 중동 여성들의 베일veil에 대해 상당히 거부감을 가진다. '50도가 넘는 곳에서 왜 검은 천으로 온몸을 두르고 다닐까' 의아해하면서 '이슬람은 여성을 억압한다'는 생각을 갖게 된다. 특히 눈만 내놓은 니깝niqab을 보면 더욱 그런 생각이 든다. 하지만 100년 전 우리의 모습을 되돌아보자. 우리나라에서도 규수들이 외출할 때 '장옷'을 걸치고 다녔다. 당연히 이슬람 때문은 아니었다. 남성 중심의 가부장적 권위주의 사회의 전통이다. 중동권에서도 같은 이유로 여성들의 의복에 제약이 있는 것이다.

중동에서는 이미 이슬람 등장 이전부터 이렇게 여성의 복장과 행

외출 시 여성들의 복장을 규제하는 중동의 니깝(왼쪽)과 한국의 장옷(오른쪽)

동을 규제하는 전통이 존재했다. 이슬람 시대 이전의 여성들은 남성의 '소유물'이었다. 권리는 없었고, 의무만 있었다. 부족 내에 여성의 수가 많을 때, 새로 태어난 여아는 산 채로 땅에 묻혔다. 이슬람 종교가 처음 등장했을 때는 이러한 악습을 바로잡겠다는 사회 혁명적 성격을 가지고 있었다. 여아 살해를 금지하고, 여성에게 상속권과 재산권을 부여한 것이다. 그러나 이후 오늘날까지 약 1,400년 동안 이슬람법 해석이 남성의 전유물이 되면서 중동은 다시 남성 중심의 사회로 복귀했다. 가톨릭과 마찬가지로 중동의 종교학자와 지도자 모두 남성이었다.

아랍어와 훈민정음의 유사성

    중동의 언어도 우리에게는 이상한 글자로 인식되곤 한다. 아랍어, 히브리어, 페르시아어 등의 중동 언어는 생긴 것도 꾸불꾸불하다. 더욱이 쓸 때도 오른쪽에서 왼쪽으로 쓴다. 그러다 보니 책도 오른쪽에서 시작해 첫 장부터 읽어나간다. 그런데 우리의 훈민정음을 한번 들여다보자. 위에서 아래로 쓰였지만 전체적인 방향은 오른쪽에서 왼쪽이다. 불과 50년 전 우리도 책과 신문 등을 오른쪽에서 왼쪽으로 읽어나갔다.

아랍어가 오른쪽에서 왼쪽으로 쓰듯 한글도 창제 당시 오른쪽에서 왼쪽으로 써나갔다. 쿠란 구절로 만든 벽 등 장식(왼쪽)과 훈민정음 서문을 적은 족자(오른쪽)

다소 예외는 있지만 동양에서는 오른쪽을 중시한다. 극동의 세 개 언어, 즉 중국어, 일본어 그리고 한글은 모두 오른쪽에서 왼쪽으로 써나갔다. 주로 위에서 아래로 써내려갔지만 글의 진행 방향은 모두 오른쪽에서 왼쪽으로 향했다. 중동에서 번창했던 고대 이집트 문명의 상형문자와 지중해 동안의 페니키아 문명의 문자도 그랬다. 모두 세로로, 즉 위에서 아래로 그리고 오른쪽에서 왼쪽으로 썼다. 중국이나 일본은 아직도 이를 바꾸지 않고 있다. 그래서 일본 및 중국의 책들은 오른쪽부터 읽어나가야 한다.

그러나 우리는 동양의 전통적인 방식을 버리고 서구적인 표기 체계를 받아들였다. 그리고서는 동양적인 방식을 고수하고 있는 아랍어 같은 다른 아시아의 언어들을 이상하다고 느낀다. 아랍 사람들도 한글 자음과 모음을 보고 꺾이는 각이 너무 많다며 이상하게 생겼다고 말한다. 타 문화를 접할 때는 우리가 과거로부터 얼마나 바뀌었는지를 고려하면서 보는 것이 필요하다. 문화를 현재 자신의 기준으로 보면 상당히 자기중심적인 시각을 갖게 되기 때문이다.

쿠탑과 서당의 유사성

중동도 현대에 들어서는 학교라는 대규모 서구식 교육 시스템을 받아들였지만, 과거 전통적인 교육 환경과 방식은 우리의 그것과 매우 유사하다. 중동의 전통적인 교육은 '쿠탑kuttab'이라 불리는 교육기관에서 이루어졌다. 쿠탑을 한국어로 번역하면 정확히 '서당'이다. '책을 보는 곳'이라는 의미다. 모습도 과거 우리의 서당과 비슷했다. 훈장에 해당하는 이슬람학자가 앉아 있고, 바닥에는 회초리가 있으며, 학생들은 옹기종기 앉아 이슬람학자의 지도를 받는다.

이슬람학자는 아랍어로 '울라마ulama'(단수는 alim)라 한다. '배운 사람' 혹은 '지식을 가진 사람'이라는 의미다. 우리의 훈장과 마찬가지로 이슬람학자는 중동 사회에서 존경받는 인물이었다. 이슬람 경전 쿠란을 완전히 암기한 사람, 즉 '하피즈hafiz'는 마을의 정신적 지도자 역할을 했다. 예배를 인도하고 설교도 했다. 중동 사회는 우리와 마찬가지로 지식인이 사회를 주도하는 체제였다.

교육방식도 비슷했다. 매일 쿠란을 소리 내어 읽고 암기했다. 우리의 서당에서 학생들이 천자문부터 사서오경을 큰 소리로 읽으며 암기했던 것과 유사하다. 이슬람도 유교처럼 배우고 익혀서 실천하는 종

중동의 서당 쿠탑(왼쪽)과 우리의 서당(오른쪽)은 교육 환경이나 방식이 유사하다.

교이기 때문이다. 이슬람은 단순히 신앙이 아니라, 사회를 유지하고 결속시키는 시스템이다. 무함마드가 이슬람 종교를 창시하면서 이슬람 국가와 사회를 건설하고 이를 유지하기 위한 규율과 규범을 쿠란에 많이 담았기 때문이다. 유교에서 사회질서 유지의 슬로건이 착한 일을 권장하고 악한 일을 징계하는 권선징악이었던 것처럼, 이슬람에서도 사회질서를 유지하는 중요한 원칙은 '선을 명하고 악을 거부하라'는 권선징악이다.

명예와 체면을 중시하는 문화

중동인들은 명예를 중시한다. 인간은 원죄를 가지고 태어났다는 성악설에 기초하는 기독교와는 달리, 이슬람 종교는 성선설에 바탕을 둔다. 현세에서 생의 아름다움을 구가하고 선행으로 생을 오래오래 즐길 것을 권장한다. 따라서 내용과 형식 모두를 지향하고 표출하려는 의식구조를 가진다. 또 내면적 가치와 내실보다는 외면적 가치, 즉 남에게 보여지는 모습 혹은 타인에게 평가되는 가치를 중요시한다.

개인의 명예뿐만 아니라 가문과 부족의 명예도 중요하다. '명예살인'이라는 악습이 생겨났을 정도다. 음탕한 행위를 한 누이를 오빠나 남동생이 살해하는 관행이다. 집안의 명예를 더럽힌 누이를 용서할 수 없다는 것이다. 아직도 소수 중동 국가에 남아 있다. 남성 중심의 전통이기도 하다. 남성 가족 구성원의 일탈 행위가 살인으로 이어지지는 않는다.

　이처럼 명예를 지나치게 중시하기에 중동 사람들은 자존심이 강하고 과장과 허세가 많은 편이다. 화려한 주택, 고급 자가용, 고가의 소비품 등이 중동에서 크게 인기를 끌고 있는 이유도 여기에 있다. 또 집안 간 수준을 맞추는 중매결혼이 아직도 성행한다. '사랑보다 품위'라는 말이 있다. 사랑보다 더 중요한 것이 집안의 품위와 체면이다. 손님을 환대하는 전통도 이 때문에 생겨났다. '애마를 잡아 손님을 접대한다'는 말이 중동에도 있다. 손님을 융숭하게 대접하지 못하면 수치스럽게 여긴다. 우리의 전통과 크게 다르지 않다.

왼쪽 중동의 체면 문화. 손님 접대용 차량을 최고급 리무진으로 제공한다.
오른쪽 중동의 환대 문화. 행사장에서 방문자들에게 음료와 음식을 무료로 제공한다.

많은 사람들이 우려하는 것과는 달리 중동에서도 우리의 전통적인 유교적 가치관과 행동양식을 가지고 생활하면 큰 문제가 발생하지 않는다. 과거 우리가 그랬듯이 남성 중심의 가부장적 권위주의 문화가 아직 적잖이 남아 있기 때문이다. 단 우리와 달리 서구화 속도가 늦어 '남녀칠세부동석'이 아직 남아 있는 곳이라는 점만 염두에 두고 행동하면 큰 어려움이 없을 것이다.

중동은 분명히 동양, 즉 오리엔트 문명권에 속한다. 그래서 중동 사람들은 사실 서양인보다 한국인들을 훨씬 편하게 느낀다. 우리가 상당히 빠른 속도로 서구화하였고 그 서구의 가치관과 생활방식에 익숙해졌기 때문에, 동양적인 전통을 아직 상당 부분 유지하고 있는 중동이 이상하고 멀게 느껴지는 것은 아닐까.

사우디가
이슬람의 기준점?

우리는 이슬람이라는 단어를 들으면 긴 천을 덮고 눈만 내놓은 여성의 모습을 떠올린다. 또 여성의 운전 금지, 종교경찰 등을 언급하곤 한다. 그러나 여성의 운전을 금지하는 나라는 57개 이슬람 국가 중 사우디가 유일하다. 제도적으로 종교경찰을 두고 있는 나라도 사우디뿐이다. 또 외국인에게 전신을 가리는 아바야abaya(머리부터 상체를 덮는 검은 천)를 강요하는 나라도 사우디뿐이다.

엄격한 이슬람 국가인 이란에서도 외국 여성은 루싸리russari로 머리 부분만 가리면 된다. 여성에 대한 억압으로 유명한 아프가니스탄에서도 자국인 중 일부 여성만 얼굴과 몸 전체를 가리고, 눈 부분이 망사로 된 부르카burka를 착용한다. 외국인 여성은 얼굴을 내놓는 히잡hijab만 써도 된다.

사우디가 이슬람 종교가 등장한 곳이라는 점에서 정통 이슬람 원

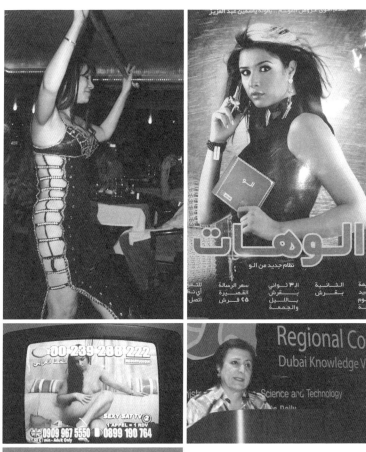

왼쪽 위 관광객 앞에 선 야한 복장의 이집트 벨리댄서
오른쪽 위 이집트의 휴대전화 광고
왼쪽 가운데 우리나라보다 야한 광고가 등장하는 중동의 위성 TV
오른쪽 가운데 쿠웨이트의 여성 교육부 장관. 히잡을 쓰지 않았다.
왼쪽 아래 두바이 해변의 외국인과 현지 여성

칙을 적용하고 있을 거라 생각하는 것은 오해다. 사우디는 이슬람을 국가의 정치이념으로 채택해 극단적으로 이용하고 있는 나라다. 18세기 후반 사우드 왕족은 국가통합을 위해 전쟁을 시작하면서 이념적 지지를 얻어내기 위해 금욕적이고 원리주의적 성향을 가진 이슬람학자 무함마드 이븐 압둘 와합Muhammad Ibn Abd al-Wahhab과 동맹관계를 구축했다.

이후 현재까지도 사우드 왕족은 이슬람 원리주의를 개인과 사회를 통제하고 궁극적으로 정치권력을 유지하기 위해 이용하고 있다. 사우디의 이슬람은 다른 57개 이슬람 국가에 비해 가장 극단에 위치한다. 사우디의 사례를 언급하면 다른 국가의 무슬림들은 불편해할 것이다.

이슬람 전통과 부족주의 전통이 교차하는 사회

중동에는 이슬람 전통과 부족주의 전통이 교차한다. 역사적으로 볼 때 부족주의는 이슬람보다 훨씬 이전부터 중동 정체성의 중요한 근간이 되어왔다. 이슬람이 등장한 것도 부족주의의 영향을 많이 받았기 때문이라고 할 수 있다. 이슬람의 사도 무함마드가 등장하기 이전, 즉 소위 자힐리야Jahiliyya 시대(무지의 시대)에 아라비아 반도에서는 다양한 부족이 서로 가축과 영토, 명예를 놓고 갈등과 충돌을 벌이고 있었다. 무함마드는 이러한 부족들을 보다 연대감이 강한 정치적 공동체로 만든 인물이었다. 그러나 이슬람 등장 이후에도 부족주의가 완전히 사라진 것은 아니었다. 이슬람 초기에도 부족 내 주요 가문 간의 기득권 경쟁으로 많은 갈등이 발생했다.

이러한 부족주의 현상은 아직도 아랍 곳곳에서 볼 수 있다. 2005년 사우디아라비아의 압둘라Abdullah 국왕 취임식에서는 부족 지도자들 수백 명이 참석하여 충성서약baia을 했다. 또 걸프 지역에서 부족을 대표하는 정치인들은 여성의 참정권에 강력하게 반대하고 있다. 쿠웨이트, 이라크 등의 산유국에서는 선거 시 부족을 대표하는 후보가 아직도 다수를 차지한다.

두 우물의 방정식

중동에서 부족주의가 등장하게 된 배경에는 유목문화가 있다. 거친 사막을 다니며 가축을 기르는 유목민들의 전통이 중동의 대표적인 가치 체계인 '남성 중심의 가부장적 권위주의'를 낳았다.

유목문화를 이해하는 데 자주 사용되는 접근법은 '두 우물의 방정식'이다. 유목민들은 가축을 데리고 '정처 없이' 다니는 사람들이 아니다. 사막 속에서 정처 없이 다니다가는 목숨을 잃는다. 유목민들은 자신들이 어디로 향하는지 정확히 알고 이동한다. 이 경로를 결정하는 것이 두 개의 큰 우물, 즉 오아시스다.

왼쪽 알제리 남부의 오아시스 샘
오른쪽 풀 한 포기 없는 사막 지역과 오아시스로 향하는 유목민의 모습

　　강한 부족은 많은 수의 오아시스를 가지지만, 유목 부족들은 생존하기 위해서 최소 두 개의 큰 오아시스를 가지고 있어야 한다. 하나는 여름용, 다른 하나는 겨울용이다. 이 두 곳에서는 다소 오래 머물지만 가축을 먹일 풀과 물이 떨어지면 이동해야 한다. 최소한 일주일에 한 번은 물을 공급받아야 하기 때문이다. 여름용, 겨울용 오아시스를 왕복하는 여정에는 작은 우물들이 있다. 오아시스에서 오아시스로 이동하는 경로가 부족의 영역이라고 할 수 있다.

　　고대부터 시인들은 유목민들의 이동을 '항해'에 비유하곤 했다. 사막을 바다로 본 것이다. 사막이라는 바다 위에 간간이 떠 있는 섬이

사우디아라비아의 유목민

바로 우물이다. 두 오아시스를 낀 삶 속에서 중동의 중요한 전통이 생겨났다.

강력한 권위주의와 가부장주의

유목문화의 가장 큰 특징은 물리력 혹은 무력을 바탕으로 한 권위주의에 있다. 정착문명과는 달리 유목민들에게 가장 중요한 것은 우물이나 오아시스다. 여름용, 겨울용 큰 오아시스는 물론이고 이동 경로에 있는 작은 우물들도 보호해야 했다. 작은 우물이라도 적에게 빼앗기게 된다면 생존이 어렵다. 따라서 생사를 결정하는 우물 혹은 오아시스를 보호하기 위해 모든 남성은 무장을 해야 했다. 남성이 칼을 지니는 것은 당연했고, 유사시에는 우물과 재산을 지키기 위해 모두 나가 싸워야 했다.

이렇게 남성의 전투력에 공동체의 생존이 달려 있었기 때문에 남성 중심의 사회가 형성될 수밖에 없었다. 여성의 노동으로도 생존이 가능한 농경 정착문명과는 상당히 다르다. 무기는 남성의 자존심이자 생존의 수단이었다. 아직도 중동에서 무장충돌이 빈번한 이유 중 하나로 무기 소유 전통이 언급된다.

　　모든 남성이 무장을 하고 1년 내내 전투태세를 유지해야 하는 사회에서 일반적으로 가장 강력한 물리력을 가진 집안이 무장한 부족 구성원을 다스리는 지배가문이 된다. 이들 가문 그리고 이 가문의 남성 어른은 군대의 사령관 같은 권위를 가져야 한다. 전투를 위한 엄격한

왼쪽 **잠비야라는 단검과 소총으로 무장한 예멘의 한 부족 지도자**
오른쪽 **아직도 칼을 차고 다니는 예멘의 소년들**

위계질서와 명령 체계를 가져야 한다. 즉, 강력한 권위주의적 리더십이 필요한 사회·정치구조가 등장하게 되는 것이다. 가장 강력한 가문 혹은 집안의 남성 어른에게 모든 권력과 지도력이 주어졌다.

상시 전시 체제를 유지해야 하는 중동의 지배가문은 전통적으로 정치권력뿐만 아니라 경제권력도 가진다. 따라서 부족장의 힘은 두 가지 요소로 상징된다. 하나는 부족장이 소유한 자원과 재원財源의 규모이고, 나머지 하나는 부족장이 소유한 군사력의 규모다. 자원은 경제력으로, 군사력은 정치력으로 대변된다. 따라서 부족 내 최고 엘리트인 부족장과 그의 일가는 경제 엘리트이자 정치 엘리트로서의 역량을 갖추고자 한다. 부족원들은 이 부족장의 명령과 권위에 절대 복종해야 한다.

재원을 가지고 부족의 복지까지 책임지는 부족장은 또 '아버지'와 같은 권위를 갖는다. 아버지에게 도전하는 것은 터부시되어왔다. 아랍의 부족이나 가문을 일컬을 때 '바누Banu+부족장 이름'으로 표현한다. 예컨대 이슬람의 창시자 무함마드는 '바누 하심' 가문 출신이다. '하심'이라는 이름을 가진 선조가 창시한 가문이라는 뜻이다. 바누는 아들(이븐ibn 혹은 빈bin)의 복수다. 따라서 아버지 역할을 담당하는 부족장의 아들들이 부족의 이름이 된 것이다.

남성 중심의 가부장적 권위주의는 이처럼 중동 유목사회에서 가장 중요한 세계관이다. 중동을 접하는 많은 사람들이 갖는 의문 중 하나는 '중동은 왜 변하지 않고 과거의 전통에 매어 있나' 하는 것이다.

답은 우리보다 훨씬 강력한 남성 중심의 권위주의 사회였기 때문에 변하는 속도가 늦다는 것이다. 우리에게 있었던 남성 중심의 가부장적 권위주의가 사회질서를 유지하기 위한 것이었다면, 중동의 유목사회가 가진 남성 중심의 가부장적 권위주의는 '생존'을 위한 것이었다. 그만큼 강력한 것이었다. 변하는 속도가 당연히 느릴 수밖에 없다. 따라

왼쪽 위/아래 사우디의 남성들만의 전유물인 카페와 공간
오른쪽 모스크 내에서도 남녀 이용 공간이 구분되어 있다.

서 중동을 이해할 때는 이상한 권위주의 문화를 가졌다기보다, 아주 강력한 권위주의 체계를 가져서 다른 지역보다 서구화가 늦다고 이해하는 것이 더 적절할 것이다.

죽어야 바뀌는 정권, 그 이유는

이런 가부장적 권위주의는 현재까지도 중동의 정치·경제 및 사회에 깊숙이 뿌리 내리고 있다. 때로는 이슬람 종교보다는 이 유목문화 전통이 더 큰 영향력을 행사한다. 유목사회에서 부족장은 아버지와 같은 권위를 갖는데, 이 아버지는 죽어야 그 지위를 상실한다. 때문에 중동의 정치는 '죽어야 바뀌는 정권'이라는 특징을 가진다. 소위 왕정이라 불리는 걸프 지역 아랍 국가에서는 가문의 수장이 절대군주, 세습 군주로 군림하고 있다.

사우디아라비아는 '사우드' 가문, 아랍에미리트의 아부다비는 '나흐얀' 가문, 두바이는 '마크툼' 가문, 카타르는 '싸니' 가문, 쿠웨이트는 '사바흐' 가문이, 왕위는 물론 정부 주요 요직을 거의 대부분 차지하고 있다. 이들 가문은 정치권력뿐만 아니라 경제권력도 사실상 대부분 차지하고 있다.

이는 중동의 공화정 국가에서도 마찬가지다. 군부 쿠데타 세력이 대개 죽을 때까지 집권한다. 선거는 있지만 이름뿐이다. 정권 교체는

고속도로에서도 볼 수 있는 사우디 국민의 아버지 국왕의 사진비

이루어지지 않고, 장기독재가 이어진다. 대표적인 예가 리비아의 지도자 무암마르 카다피Muammar Gaddafi다. 카다피는 1969년 27세의 나이로 쿠데타에 성공해 42년 동안 리비아를 통치했는데, 반정부 시민군에 의해 사살되기 직전까지도 자신의 권력을 지키려고 물리력을 동원했다. 자국민에 대해 전투기와 공격용 헬기까지 투입했을 정도다.

중동의 독재정권들은 자신보다 강한 물리력에 복종하는 문화를 정치적으로 이용해왔다. 군부 출신의 대통령은 자주 군복을 입고 대국민 연설을 행했다. 그리고 군은 물론 군 출신이 대거 포진한 정보부와 경찰까지 최고 권력을 호위하는 세력으로 만들었다. 군대 근처에도 가보지 않은 야세르 아라파트Yasser Arafat 전前 팔레스타인자치정부 수반, 사담 후세인Saddam Hussein 전 이라크 대통령 등이 군복을 자주 입고 빈 권총집을 차고 다녔던 것도 자신의 물리력을 과시하기 위함이었다.

걸프 왕정에서 왕세자나 왕세제가 되는 정규코스는 영국의 사관학교를 이수하고 경찰청장과 국방장관을 거치는 것이다. 이들은 왕이 된 이후에도 정보기관과 군부를 자신의 직속 명령 체계하에 둔다. 더불어 '공화국수비대' 혹은 '왕정수비대' 등의 친위부대를 별도로 두고 권좌를 지키는 데 이용하고 있다.

이처럼 현재 중동 및 아랍의 정치·경제에는 유목문화에 바탕을 둔 남성 중심의 가부장적 권위주의가 상당히 중요한 역할을 하고 있다. 이슬람보다는 이런 유목문화가 중동의 정치·경제에서는 더 중요

한 변수로 작용한다. 이슬람의 프레임으로 중동의 정치·경제를 이해
하려 한다면 상당히 왜곡된 모습만 보게 될 것이다.

이슬람과 기독교는
충돌의 역사?

'한 손에는 쿠란, 다른 손에는 검.' 이슬람의 폭력성을 상징하는 말이다. 이탈리아 스콜라 철학의 대부인 토마스 아퀴나스가 한 말로 알려져 있다. 아퀴나스의 활동 시점은 13세기 십자군이 이슬람 원정에서 패배를 당한 시기와 거의 일치한다. 이슬람 세력은 유럽인들을 '무자비한 하얀 악마들'이라고 부르며 지하드jihad(성전)로 맞섰다.

십자군전쟁은 단순한 영토 전쟁이 아닌 종교와 문명 간 반목과 갈등을 동반한 것이다. 11세기 말에서 13세기 말까지 200여 년간 벌어진 십자군 원정은 인류 역사상 가장 오래 지속된 전쟁이다. 정확한 통계는 없지만 이 전쟁으로 인한 희생자는 수백만이 넘는다. 더욱 심각한 것은 전쟁이 장기화하면서 기독교 세계와 이슬람 세계 간 반감과 증오가 심화되고 축적되었다는 것이다. 그 여파가 아직까지도 일반인들의 뇌리에서 잊혀지지 않고 있다. 그러나 이슬람문명과 기독교문명은 평

20세기 초 서방 사업가(왼쪽)와 아부다비 부족 원로(오른쪽)의 기념 사진

화적이고 상호 호혜互惠에 바탕을 둔 긍정적인 교류도 많이 했다. 우리는 이 점을 간과하고 있다.

갈등의 뿌리, 십자군전쟁

11세기 말에서 13세기 말, 서유럽의 기독교인들은 성지 팔레스티나와 성도 예루살렘을 무슬림들로부터 탈환하기 위해 여덟 차례에 걸쳐 원정을 감행했다. 전쟁에 참가한 기사들은 가슴과 어깨에 십자가 표시를 했다. 때문에 이 원정대는 십자군으로 불렸다. 종교적 상징이 전쟁에 동원된 것이다. 이로 인해 십자군전쟁이 기독교와 이슬람의 싸움이라는 종교적 해석이 아직도 강하게 남아 있다.

그러나 종교가 십자군전쟁을 전적으로 좌우한 것은 아니었다. 봉건영주와 하급 기사들은 새로운 영토 지배에 대한 야망 때문에, 상인들은 경제적 이익에 대한 욕망 때문에, 또 농민들은 봉건사회의 신분적 억압으로부터 벗어나려는 희망 때문에 저마다 원정에 가담했다. 호기심, 모험심, 약탈 욕구 등의 동기가 종교를 정치적으로 이용하려는 세력의 야망과 합쳐진 것이다.

이슬람권도 십자군에 맞서 싸우며 유럽 기독교에 대한 반감을 키웠다. 현재까지도 그렇다. 미국 주도 아프간전쟁 및 이라크전쟁과 점령을 바라보는 무슬림들은 거의 반사적으로 십자군전쟁을 떠올린다. 이슬람 과격 세력들은 이 반감을 더욱 이용하고 있다. 알-카에다의 전 지도자 오사마 빈 라덴Osama bin Laden, 현 지도자 아이만 알-자와히리Ayman al-Zawahiri, IS의 지도자 아부 바크르 알-바그다디Abu Bakr al-Baghdadi 등의 과격단체 지도자들이 성명서를 발표할 때마다 언급하는 것이 '십자군 세력'이다. 현재 이슬람 지역에 주둔하고 있는 서양의 군대를 십자군과 동일시하고 있는 것이다. 중동 학계와 언론은 미국의 경제 및 외교 정책을 좌우

이란 수도 테헤란의 미국대사관 벽면에 그려진 반미 포스터

하는 3대 로비 세력, 즉 에너지 관련 로비 세력, 군수 관련 로비 세력 그리고 이스라엘 관련 로비 세력이 아프간전쟁 및 이라크전쟁과 점령의 배후라고 주장하고 있다. 십자군 원정의 경제적 배경과 비슷하다고 말하고 있는 것이다.

십자군전쟁의 두 전설, 사자왕과 살라딘

과거 십자군전쟁의 전설적인 인물은 두 사람으로 압축될 수 있다. 유럽의 사자왕 리처드 1세Richard I(1157~1199)와 이슬람 세계의 영웅 술탄 살라딘Saladin(살라훗딘Salah al-Din, 1137~1193)이 그들이다. 영국의 왕 리처드 1세는 1190년 프랑스의 필립 2세 및 신성로마 황제 프리드리히 1세와 제휴하여 제3차 십자군을 편성해 직접 출정했다. 1191년 리처드 1세는 예루살렘 근처에서 살라딘 군대를 격파하여 3년의 휴전을 맺었고, 그의 용맹성에 대한 찬사로 사자왕獅子王이라는 별명을 얻었다.

동시에 리처드 1세는 잔혹성으로도 유명했다. 십자군전쟁 기간 중 가장 치열한 전투였던 이스라엘 북부 아크레Acre 공방전에서 승리한 리처드 1세는 그의 명성에 걸맞지 않은 결정을 내린다. 기독교인 포로들의 석방이나 교환에 이용될 만한 소수의 귀족을 제외하고 모든 포로의 목을 베라는 명령을 내린 것이다. 부하들은 2,700명의 포로들을 도시 밖으로 끌어내 참수해버렸다.

반면 살라딘은 서방 학자들의 글에서도 리처드 1세와는 대조되는 인물로 기록되어 있다. 이라크 북부에서 태어난 쿠르드족 출신인 그는, 삼촌 시르쿠Shirkuh가 지휘하는 이집트 원정에 참여해 유럽의 십자군 원정대인 프랑크족을 몰아낸다. 그는 이 공적으로 이집트 시아파 파티마 왕조의 대재상大宰相에 올라 군사력을 바탕으로 이집트의 지배자가 된다. 이후 그는 북아프리카에서 시리아 그리고 이라크 지역에 이르는 '이슬람 제국'을 형성한다.

이슬람 제국의 가장 큰 위협은 단연 십자군이었다. 1187년 그는 예루살렘 인근을 지나는 대상大商과 순례객을 공격하는 예루살렘 왕국의 십자군에 대해 성전을 선포한다. 십자군과 이슬람군의 최대 격전은 현재 이스라엘 북부 히틴Hittin에서 벌어졌다. 이슬람 대군은 살라딘을 중심으로 일사불란하게 전투에 임해 십자군을 격파한다. 3만여 명의 병사가 사망한 피비린내 나는 전투였다. 예루살렘 왕국의 왕은 결국 포로로 잡히고 말았다.

서방의 학자들도 살라딘을 영웅이자 최고의 지도자로 인정하는 부분은 바로 여기서부터 등장한다. 전투가 끝난 뒤 포로로 잡힌 예루살렘 왕에게 그는 직접 물을 따라주며 융숭한 대접을 베풀었다. 그리고 그를 시리아의 수도 다마스쿠스에 거점을 둔 기독교 왕국으로 보내주었다. 관용과 용서의 정신이다. 이후 살라딘은 예루살렘을 함락시켰다. 제1차 십자군전쟁 이후 90년 만에 기독교의 수중에 있던 성도를 되찾은 것이었다.

예루살렘에 입성한 살라딘의 첫 명령은 '평화적이고 우호적인 정복'이었다. 포로를 처형하지 않았다. 기독교인 부상자들을 정성껏 돌봤다. 그중 많은 사람이 살라딘의 부하가 되기를 자청하기도 했다. 그가 남편을 찾아달라는 여인과 함께 울었다는 일화도 유명하다. 유럽의 일부 학자들이 그를 '세상에서 가장 고결한 정복자'라며 칭송하는 이유도 여기에 있다. 예루살렘 회복을 외치며 출정한 리처드 1세와의 전투에서도 살라딘은 그 유명한 아량을 잊지 않았다. 그는 전투 중 리처드 1세가 낙마했을 때 새 말을 보내주었다. 또 리처드 1세가 고열에 시달렸을 때는 눈^雪을 선물로 보내기도 했다(이스라엘, 시리아, 레바논, 요르단, 이라크 북부 등에서는 매년 겨울 눈이 내린다. 폭설이 내리는 경우도 있다). 살라딘의 이름이 먼 유럽에까지 전해지게 된 중요한 일화다.

이슬람과 기독교, 갈등만 있었던 것은 아니다

1993년 미국의 정치학자 새뮤얼 헌팅턴Samuel Huntington은《문명의 충돌 Clash of Civilizations》을 세상에 내놓았다. 이 책에서 헌팅턴은 소비에트연방이 해체된 이후 문명 간 충돌이 국제정치에 큰 영향을 줄 것이라고 설명한다. 특히 종교가 새로운 갈등의 불씨가 될 것이라고 경고하고 있다. 이 중에서도 '피의 국경을 가지고 있는' 이슬람이 가장 큰 위협이 될 것이라고 강조한다. 서방과 이슬람문명의 관계는 과거부터 현대 그리고 미래까지 '항상 군사적 충돌'에 바탕을 두고 있다고 지적한다. 궁극적으로 그는 소련이라는 위협이 없어진 단극시대에 미국은 이슬람권에 대한 대응에 주력해야 한다고 조언한다.

실제로 2001년 9 · 11 테러가 발생하면서 헌팅턴의 주장에 힘이 실리고 있는 상황이다. 정보통신이 발달한 현시대에는 인터넷과 SNS를 통해 종교적 정체성이 강화되고 있다. 이로 인해 초국가적 이슬람 과격단체들도 등장하고 있다. 이들에 의한 테러도 지역을 가리지 않고 발생하고 있다. 이 점에서 헌팅턴의 주장은 21세기에도 상당히 공감을 얻고 있다.

하지만 헌팅턴의 주장에서 가장 큰 오류는 역사적 사실을 왜곡했다는 점이다. 이슬람 세계와 기독교 세계가 항상 갈등 상태에 있지는 않았다. 1,400여 년 이슬람 역사에서 두 세계가 심각한 갈등 관계에 있었던 기간은 크게 십자군전쟁이 일어난 200년 동안과 19세기 이후 유럽이 중동을 식민지화한 후 현재까지의 200년 정도다. 두 갈등 모두 서방이 시작한 것들이다. 나머지 1,000년 중 대부분은 두 문명이 상당히 긍정적인 교류를 가졌다.

이슬람문명의 발명품, 아스트랄로베

사막 속에서 등장한 이슬람

왼쪽 이집트 카이로 기독교 지역에 위치한 교회, 행잉 처치
오른쪽 카이로 시내의 황금섬. 이슬람 사원과 기독교 교회가 나란히 있다.

문명은 주변 문명을 융합해 찬란한 꽃을 피웠다. 이때 현재의 터키, 시리아, 팔레스타인, 요르단 등 지역에 있었던 동로마 기독교문명이 이슬람문명의 형성과 발전에 크게 기여했다. 유럽의 철학, 과학 그리고 이성에 관한 많은 책들이 아랍어로 번역되었다.

이슬람문명 자체가 유럽에 크게 기여한 바도 있다. 바로 14세기 말 유럽과 이슬람권 사이에서 중개무역을 하던 상인들이 아랍권에서 가져온 책들이 이탈리아 남부에서 번역되면서부터 르네상스가 시작된 것이다. 이때 번역된 책들은 유럽의 중세 암흑시대에서는 찾아볼 수 없었던 철학과 과학에 관련된 것들이 많았다.

이슬람 세계와 기독교 세계의 관계를 갈등의 역사로만 보는 것은 적절치 않다. 평화적으로 교류하던 기간이 양적으로도 길었다. 양측의 문명 발전을 위해 서로 긍정적인 역할도 했다. 우리가 매일 접하는 영어

왼쪽 모로코 수도 라바트에 위치한 하산 2세 무덤을 지키는 근위병. 복장이나 장총 모두 서방에서 들여온 것이다.
오른쪽 아랍에미리트 아부다비의 한 미용실에 걸린 신부 화장 포스터. 현재 중동의 결혼식은 대부분 서구식이다.

단어들 중에도 중동 언어가 많다. 이는 긍정적인 교류를 했다는 증거다. 우리가 매일 마시는 커피(coffee)는 아랍어다. 커피에 넣는 설탕(sugar)도 아랍어 혹은 페르시아어다. 속옷으로 매일 입는 면(cotton)도 아랍어다. 오늘 저녁 피곤함을 날려 보내기 위해 한잔 하겠다면, 알코올(alcohol)도 아랍어라는 점을 한 번쯤은 생각해보시길 바란다.

아랍어에서 유래한 대표적인 영어 단어

alcohol	알코올	average	평균	candy	사탕
cheque	수표	coffee	커피	cotton	면
giraffe	기린	guitar	기타	hazard	위험, 장애
jar	단지	lemon	레몬	magazine	매거진
mattress	매트리스	orange	오렌지	safari	사파리
sofa	소파	soda	소다	sugar	설탕
syrup	시럽	tariff	관세	tuna	참치
zero	영				

그래도 **기회**의 **땅,**
중동

18세기와 19세기에 중동을 방문한 서양인들이 그려낸 중동의 모습은 '이국적 낭만'이 가득한 곳이었다. 왕궁을 방문한 유럽의 정부 관료들은 비밀스러운 하렘Harem(왕의 여인들의 거처)의 모습을 전하기 바빴다. 반라의 하렘 여성들의 사진이나 스케치가 유럽 책자들에 자주 소개됐다. 초콜릿색 피부에 뚜렷한 이목구비를 가진 아랍 여성들은 유럽 남성들의 호기심을 사로잡기에 충분했다.

제1차 세계대전 당시 아랍을 배경으로 한 영화 〈아라비아의 로렌스〉에서도 아랍은 낭만적인 곳으로 등장한다. 넝국 옥스퍼드대학 출신 로렌스의 눈에 비친 아랍은 신비로운 모습으로 영화 전반에 흐른다. 홀로 말을 타고 광활한 사막을 거쳐 오아시스에 도착하는 로렌스. 그 배경은 이미 산업사회에 들어간 유럽인들에게는 동경의 대상이었다.

아랍에 대한 낭만과 신비감은 제2차 세계대전을 전후해 사라져버렸다. 그 전환점은 이스라엘이 건국된 1948년이었다. 이스라엘이 건국된 그다음 날, 아랍은 이스라엘의 국가 건설을 인정하지 않고, 제1차 중동전쟁을 일으키면서 유대인들의 적이 되었다. 미국을 중심으로 이스라엘을 지지하는 서방 국가들도 아랍을 적대시했다.

이후 1956년 제2차 중동전쟁에서는 아랍이 정치적 승리를 거두었다. 아랍민족주의 지도자 이집트의 가말 압둘 나세르Gamal Abd al-Nasser가 수에즈 운하를 국유화하자 이스라엘이 시작한 전쟁이었다. 지중해를 접한 이스라엘로서는 아시아로 향하는 관문이 이집트의 통제하에 놓였다는 점에서 가만히 손 놓고 있을 수는 없는 일이었다. 당시 운하의 운영권을 가진 프랑스와 영국이 이스라엘의 이집트 침공을 지지했지만, 중동 내 유럽제국주의의 잔재가 사라지길 원했던 미국은 이스라엘을 지지하지 않고 휴전을 종용했다. 군사적으로는 이스라엘이 승리했지만 결국 이집트는 운하의 운영권을 확보하면서 유럽의 잔재를 청산하는 데 성공했다.

하지만 1967년 제3차 중동전쟁, 소위 '6일 전쟁'은 아랍에 재앙이 되고 말았다. 기습작전에 성공한 이스라엘은 이집트의 시나이 반도, 팔레스타인의 요르단 강 서안, 시리아 남부의 골란고원 그리고 레바논 남부를 점령했다. 그 결과 대규모 팔레스타인 난민이 발생했다. 그런데도 이후 이스라엘과 서방 국가들은 점령에 항거하는 팔레스타인인들을 모두 테러 세력으로 규정했다.

점령 상황을 타개하기 위해 이집트는 6년 후인 1973년 이스라엘을 기습 공격했다. 이것이 제4차 중동전쟁이다. 이집트는 또다시 전투에서는 대패했지만, 성과는 있었다. 후에 이집트는 1979년 이스라엘과 평화협정을 체결하고 빼앗겼던 시나이 반도를 되찾았다. 이 제4차 중동전쟁은 아랍이 서방의 '경제적 적'으로도 등장하게 된 계기가 됐다.

먼저 사우디아라비아가 아랍 연합군을 지원하기 위해 '석유의 무기화'를 단행했다. 미국이 이스라엘에 군사적 지원을 중단하지 않을 경우 석유를 수출하지 않겠다고 선언한 것이다. 이로써 제1차 오일쇼크가 발생했다. 막대한 경제적 충격을 받게 된 서방과 아시아 국가들은 석유의 중요성과 경제적 가치를 재평가하기 시작했다. 아랍을 '적대적인' 자원 부국, '신뢰할 수 없는' 경제 행위자로 인식한 동시에 진출해야 할 최대 건설 및 플랜트 발주처로 생각하기 시작했다.

중동에 대한 미국의 직접적인 적대감이 등장하게 된 사건도 있었다. 바로 1979년 이슬람혁명으로 이란의 친서방 정권이 무너진 일이다. 소련의 남하를 막아주던 친서방 팔레비 왕조가 붕괴하고 이슬람 신정국가가 등장한 것이었다. 이스라엘에 이어 중동 내 두 번째 교두보였던 이란을 잃은 미국은 큰 충격에 빠졌다. 권력을 쥔 아야톨라 호메이니Ayatollah Khomeini가 이슬람혁명 모델을 주변 국가에 수출하겠다고 선언하면서, 친서방 아랍 국가들은 크게 긴장했다. 다른 아랍 집권 세력들도 권위주의 친서방이라는 점에서 이란의 팔레비 왕조와 크게 다르지 않았기 때문이다. 여기에 2년 후인 1981년 10월에는 친미 성향의 이집트 사다트 대통령도 암살당했다. 이란의 이슬람혁명은 중동에서 이슬람주의 세력이 중요한 정치적 행위자로 등장한 것을 알리는 중요한 신호탄이었다.

1990년대 초 동구권의 몰락으로 새로운 국제정치 질서가 등장하면서 이슬람권은 다시 구소련 공산주의를 대체하는 적으로 부상했다. 새뮤얼 헌팅턴의 《문명의 충돌》을 보면 서방의 주적으로 이슬람문명이 등장한다. 헌팅턴은 특히 이슬람과 기독교 문명의 충돌이 21세기 주요 분쟁이 될 것이라고 주장했다.

실제로 1990년대 다양한 반정부 이슬람주의 과격 세력이 반정부 투쟁을 강화했다. 알-카에다도 그들 중 하나였다. 미국은 '이슬람=테러리즘'이라는 등식을 더욱 굳건히 해나갔다. 2001년 9·11 테러 이후 미국은 이 등식을 적용해 군사적인 보복을 단행했다. 다국적군을 구성해 아프가니스탄과 이라크를 공격하고 점령했다. 이에 저항하는 아프간과 이라크 무장조직은 모두 테러리스트로 낙인찍혔다.

첨단 정보통신기술이 보편화된 21세기에도 이슬람=테러리즘의 등식은 여전히 팽배해 있다. 2005년 한 덴마크 신문이 게재한 '무함마드(마호메트) 풍자만화'가 대표적인 사례다. 이슬람의 창시자 무함마드를 풍자한 만평 12컷 때문에 수백 명이 사망했다. 이 만평에는 무함마드가 심지에 불이 붙은 폭탄 모양의 터번을 쓴 모습으로 등장한다. 명

백히 이슬람의 폭력성을 강조한 것이다. '이슬람=테러리즘' 공식을 부각시키려는 유럽 언론사의 의도였다. 하지만 알-카에다 등 국제적 테러단체가 대서방 테러를 본격화한 것은 1991년 걸프전 이후다. 미국이 이슬람의 성지인 사우디에 주둔하기 시작한 해였다.

SNS로 퍼지는 민주화의 물결

테러로 인해 야만적이라고 지적당하고 있는 중동. 하지만 실제 현지의 모습은 서구 언론을 통해 보는 것과는 확실히 다르다. 비문명 사회에서 페이스북에 'We Are All Khaled Said'(우리는 모두 칼리드 사이드다)라는 페이지가 올라올 수 있을까? 이 페이스북 페이지는 경찰에게 폭행당해 숨지면서 민주화 봉기의 불씨를 제공한 29세의 청년 사업가 칼리드 사이드의 이름을 딴 것이다. 21세기 정보통신 발달의 결과인 SNS를 이용한 시민 저널리즘이 2011년 이집트 민주화 혁명에 결정적으로 기여한 것이다.

중동권의 정치 환경 변화는 이미 수년 전에 시작됐다. 2005년 9월 이집트의 대통령 선거에서도 휴대전화 문자메시지 선거운동이 인기를 얻었다. 'vote4nour'(누르 후보에 투표하자)라는 메시지가 외국인의 휴대전화에도 날아올 정도였다. 야당 지도자 아이만 누르Ayman Nour에게 표를 던지라는 선거 캠페인의 한 방법이었다.

2011년 이후 중동은 새로운 변혁을 시작하고 있다. 민주주의를 향한 국민의 열망이 본격적으로 분출되고 있는 것이다. 2011년 1월 중순 튀니지에서 시작된 시민혁명은 30여 년간 이어진 이집트의 장기집권 정권마저 무너뜨렸다. 또 예멘과 리비아의 정권 교체도 가져왔다. 시리아 정권은 생존을 위해 무모한 진압까지 펼쳐가며 힘겹게 버티고 있지만, 민주화를 외치는 시민들의 도전을 막기에는 역부족인 것으로 보인다. 요르단, 알제리, 바레인, 팔레스타인, 수단, 사우디아라비아 등 다른 아랍 국가에서도 반정부 시위가 간헐적이지만 이어지고 있다.

미국과 서방의 민주화 개혁 압박에도 꿈쩍 않던 중동의 정권들이 이제 거리로 쏟아져 나와 민주주의를 외치는 시민들에 의해 무너지고 있다. '내부로부터 그리고 아래로부터의 변화'가 수천 년 동안 이어져 온 중동의 권위주의 문화를 바꾸고 있는 것이다. 군사정권에 대항할 엄두조차 내지 못하던 국민들이 이제 힘을 모아 정권을 교체해내고 있다. 최근 IS 등 이슬람주의 테러 세력이 등장하고, 이집트에서는 다시 군부가 집권하고, 리비아와 예멘 그리고 시리아에서 내전이 발생하는 등 민주화가 더디게 진행되고 있는 것도 사실이다. 하지만 민주화 바람은 계속 이어질 것으로 보인다.

이런 아랍의 정치변동은 역내 불안정성을 더욱 고조시키고 있지만 중장기적으로는 우리에게 새로운 기회가 될 수 있다. 중동 정치·경제의 체질이 바뀌고 있기 때문이다. 대부분의 아랍 국가들은 왕정이든 공화정이든 정권이 바뀌지 않는 독재의 형태다. 장기집권으로 인한 부패가 만연한 곳이다. 더불어 사회적, 경제적 발전이 다른 지역에 비해 상당히 뒤처져 있다. 산유국의 경우에도 석유를 제외한 산업이 거의 없어 유가가 하락할 경우 심각한 사회적 갈등이 발생할 수 있다. 이들 국가들은 국가가 석유를 통한 부를 독점하고 경제도 좌지우지하고 있는 국가주도형 경제구조지만 아래로부터의 개혁 요구는 이제 중동 정치·경제의 근간을 서서히 바꾸어나갈 것이다.

시민혁명에 의한 정권 붕괴와 민주화 작업이 진행되면서, 아랍의 경제 혹은 성장 전략의 기조가 대폭 수정될 것이다. 유전 및 가스전의 소유권이 왕족이나 독재정권에서 민주적으로 선출된 정부 혹은 공기업으로 서서히 이전될 것이다. 왕족, 독재정권의 최고권력자가 사업 발주와 낙찰을 결정하던 관행에 벗어나 보다 투명한 의사결정 과정을 마련할 것이다. 더불어 아랍권은 이제 석유 중심의 기존 산업구조를 다각화하는 데 전력할 것이다. 또한 일자리를 비교적 많이 창출할 수 있는 제조업과 서비스업 육성에 나설 것이다.

두바이 2030

중동 정치·경제 변혁의 대표적인 사례가 두바이다. 두바이 정부는 국가경제의 장기적 발전을 위해 2010년에 국가 비전을 발표했다. 20년 장기 계획인 '두바이 2030'이다. 두바이뿐만 아니라 카타르, 아부다비, 쿠웨이트 등 대부분의 아랍 정부들도 이런 장기 국가 발전 계획을 발표하고 있다. 사우디아라비아도 2016년 4월 '비전 2030'을 천명했다.

이런 중동 국가의 중장기 발전 전략은 과거 사우디가 석유 수출 제한을 선언하면서 발생한 1970년대 오일쇼크 때와는 크게 다르다. 당시 국제유가가 급상승하면서 중동 국가들은 막대한 오일머니를 갖게 되었고, '돈만 펑펑 쓰는 졸부'의 모습을 보였다. 하지만 현재 중동 대부분의 정부와 지식인들은 자신들이 '1차 중동붐'의 기회를 놓쳤다고 반성하고, 석유가 고갈될 미래를 대비해 철저한 준비를 하고 있다. 인프라를 구축해 석유 이외의 산업도 발전시키겠다는 '산업다각화' 정책을 추구하고 있다.

덕분에 중동은 세계적 건설 및 플랜트 시장으로 부상했다. 2006년 이후 우리에게도 중동은 최대 건설 및 플랜트 시장이었다. 해외 수주의 약 60퍼센트 이상이 중동에서 왔고, 매년 약 300억 달러 전후의 수주액을 기록했다. 다만 2014년 말 저유가 기조가 시작되고 국가 재정능력이 약화되면서 2015년 이후 수주액은 급감하고 있다.

하지만 유가가 어느 정도 회복되면 중동은 대규모 프로젝트 발주 시장으로 재부상할 것이다. 그 배경에는 인구 폭증이 있다. 25개의 아랍 및 중동 국가를 포함한 57개국 이슬람권의 인구는 16억에 달한다. 더욱이 주목할 점은 인구의 60퍼센트 이상이 30세 이하라는 점이다. 앞으로도 인구가 빠르게 늘어날 것이라 예상할 수 있다. 현재도 중동은 전 세계 GDP의 13퍼센트를 차지하고 있지만, 앞으로는 그 규모가 더욱 커질 것이다. 인구가 증가하면 발전소, 도로, 공공시설 등 인프라 건설을 계속해야 한다. 무한한 가능성을 가진 블루오션이라고 할 수 있다. 빠른 성장세를 보이는 시장이라는 점에서 브릭스BRICS의 대체 시장으로 유망하다. 더욱이 2011년 일부 아랍 국가의 정치 상황 변동 이후 다른 중동 국가들은 국민의 불만을 완화시키기 위해 막대한 인프라를 투자하고 있다.

최근 중동은 개발과 투자 부문에서 큰손으로 부상하고 있다. 2004년 이후 유가가 급상승하면서 산유국의 재정 수입이 크게 증가한 덕분이다. 규모 기준으로 세계 20대 국부펀드 중 9개가 중동에 있다. 이 중 아랍에미리트의 ADIA는 2016년 기준 7,920억 달러를, 사우디의 SAMA는 5,984억 달러의 펀드를 운용하고 있다. 쿠웨이트의 KIA와 카타르의 QIA도 각각 5,920억, 2,560억 달러의 자금을 굴리고 있다(213쪽 표 참조).

2008년 리먼브라더스 금융위기 사태 때 가장 영향을 덜 받은 지역이 바로 중동이었다. 오히려 대외투자를 늘리면서 서방 국가와 기업, 금융기관 등으로부터 VIP 대접을 받고 있다. 범아랍 위성방송 알-자지라의 2013년 11월 8일 분석보도에 따르면, 2004년 이후 지난 12년간 걸프 6개국이 해외에 투자한 금액은 약 1조 800억 달러다. 미국에 5,600억, 유럽에 2,700억, 아랍권에 1,300억 그리고 아시아에 1,200억 달러를 투자했다. 뒤에서 자세히 설명하겠지만 우리 정부가

2009년 한때 이슬람 금융 도입을 검토했던 이유도 바로 여기에 있다. 당시 정부는 이슬람 채권 수쿠크에 붙는 각종 세금을 면제해주는 조세특례제한법 개정안을 국회에 제출했지만 논의 과정에서 의원들의 반대로 폐기된 바 있다.

최대 시장 이란도 열렸다

중동의 정치와 경제 상황이 긍정적으로 변화하는 가운데 또 하나의 주목할 만한 상황이 전개되고 있다. 바로 2016년 1월 16일 이란에 대한 국제사회의 제재가 대부분 해제된 것이다. 서방 주요 6개국과 이란 간 핵협상이 2013년 11월 1차에 이어 2015년 7월 2차 최종 타결된 것이다. 이란은 핵무기 개발을 공식적으로 포기했고, 유엔 안보리 상임이사국 5개국과 독일은 평화적 원자력 발전을 위한 이란의 저농축 우라늄 생산을 허용했다. 아직 미국의 제재는 상당 부분 남아 있지만, 이란이 국제사회의 정상적 일원으로 돌아오고 있는 것은 분명한 사실이다.

이란은 2011년 우리 정부가 경제제재를 가하기 전까지, 중동 내 우리의 최대 교역 국가였다. 통계상으로는 아랍에미리트로 가는 물량이 많았지만, 상당수의 수출 물품이 경제제재를 피하기 위해 두바이를 통해 이란으로 향했다. 과거에도 그랬고 제재가 해제된 이후 미래에도

이란 수도 테헤란 시내의 거리 모습

이란은 중동 내 경제의 중심국가로 부상할 것이다. 이란 시장이 다시 열리면 중동은 또다시 정치·경제적으로 크게 달라질 것이고, 이는 우리와 세계 경제에 엄청난 기회가 될 것이다.

2장

**테러, 전쟁
그리고**

중동은 왜
화약고인가?

중동의 불안정성은 오래된 이야기다. 때문에 '화약고'라는 별명이 붙었을 정도다. 1948년 이스라엘 건국 이후 1973년까지 이스라엘과 아랍 간 네 차례의 전면전이 있었다. 그리고 1979년 소련이 아프가니스탄을 점령하면서 이를 격퇴하기 위해 전 세계에서 모인 이슬람 전사들이 10여 년 동안 투쟁했다. 그 부산물이 알-카에다al-Qaeda라는 테러조직이었다.

1980년부터 1989년까지 이란과 이라크의 전쟁에서는 125만 명 이상이 목숨을 잃었다. 1982년에는 이스라엘이 레비논을 침공했다. 1991년에는 이라크 사담 후세인 정권의 쿠웨이트 침공으로 유엔군이 참가한 걸프전이 발생했다. 9·11테러가 발생한 2001년에는 미국 주도의 다국적군이 아프간을 공격해 점령했다. 2003년에도 미국 주도의 다국적군이 이라크를 공격해 후세인 정권을 축출했다. 이로 인한 불안

왼쪽 위 사담 후세인 사진이 실린 신문을 짓밟는 이라크인
왼쪽 아래 이라크 소녀와 파괴된 장갑차
오른쪽 2006년 전쟁 당시 이스라엘군이 파괴한
레바논의 다리를 시민들이 위험하게 건너고 있다.

정은 IS 테러조직의 등장 배경이 되었다.

분쟁의 종합세트, 중동

중동 국가 간 혹은 외부 세력의 개입으로 인한 전쟁뿐만이 아니다. 중동은 모든 종류의 분쟁이 발생하는 지역이다. 제2차 세계대전 이후 등장한 새로운 국가와 기존 국가 내부에서도 갈등이 끊이지 않았다. 쿠데타가 빈번했다. 1952년 이집트, 1964년과 1968년 이라크, 1969년 리비아 등에서 쿠데타로 군사정권이 등장했다. 시리아에서는 1960년대 여러 차례 쿠데타로 정권이 계속 바뀌었다. 1979년에는 이란에서 이슬람혁명이 발생했고, 2011년에는 '아랍의 봄'이라는 시민혁명으로 튀니지, 이집트, 예멘, 리비아, 이렇게 네 나라의 정권이 바뀌었다.

또 쿠데타와 혁명으로 등장한 정통성이 약한 정부에 도전하는 세력도 많았다. 아프가니스탄에서는 지난 반세기 동안 내전이 이어졌다. 1975년부터 15년간 이어진 레바논 내전, 1994년 예멘 내전, 1990년대 초부터 시작돼 20여 년간 이어진 수단과 소말리아 내전 등이 대표적이다. 아직도 끝나지 않았다. 2011년 3월부터 진행 중인 시리아 내전으로 2016년 6월 기준 27만 명 이상이 목숨을 잃었다. 내전을 틈타 IS 테러 조직이 시리아 동부까지 진출해 이 지역을 장악하는 상황도 발생했다.

그리고 예멘에서는 2015년 초 북부에 거점을 둔 시아파 후티Houthi

왼쪽 이집트 경찰과 대형 대통령 포스터
오른쪽 다른 대통령 후보 포스터는 없고, 현 이집트 대통령의 포스터만 있다.

시리아 수도 다마스쿠스의 한 길바닥에 그려진 이스라엘 국기. 사람들이 밟고 지나간다.

반군이 수도 사나를 장악하고 정권을 전복하면서 중남부에서 영향력을 확대하고 있는 수니파 세력과 충돌하고 있다. 여기에 쿠르드족 등 소수 민족과 다수 민족 집권 세력과의 끊임없는 충돌, 기독교 소수 종파에 대한 박해와 이에 대한 반발, 수니파와 시아파 간의 종파 갈등, 수자원을 둘러싼 분쟁, 부족 간의 갈등 등도 이어지고 있다.

석유 혹은 이슬람 때문이라고?

중동의 불안정성을 설명하는 데 있어서 학계와 언론에서 가장 많이 언급하는 것은 석유와 이슬람 종교다. 많은 중동학자들이 석유 등의 자원 이권을 놓고 벌어진 서방의 침탈이 분쟁을 가져왔다고 지적해 왔다. 대표적인 사례가 1953년 이란의 쿠데타. 당시 무함마드 모사데그Mohammad Mosaddegh 총리가 석유를 국유화하자, 미국과 영국이 모사데그 정부 전복을 위해 쿠데타를 비밀리에 종용한 것이다. 2014년 1월 미국의 외교전문지 〈포린폴리시Foreign Policy,FP〉도 60년 만에 비밀 해제된 미국 중앙정보국CIA 문서를 통해 이 사실을 확인했다. 이 문서에 따르면 쿠데타 계획은 모사데그 총리를 정치적으로 공격하는 선전 활동, 국회의원 매수, 대중 시위 선동 등 여러 단계로 이루어져 있었다. 중동의 불안정성에는 이처럼 20세기 최대의 에너지 자원인 석유를 둘러싼 서방의 이권 다툼 그리고 산유국 내부의 갈등이 있다고 많은 학자들은 주장한다.

그러나 이런 시각은 석유 자원이 거의 없는 아프가니스탄, 레바논 등의 불안정성을 설명하지는 못한다. 시리아, 이집트, 예멘, 수단 등 많은 중동 국가들은 유전 개발이 본격화되기 이전부터 여러 쿠데타와 내전을 겪었다.

중동의 불안정성이 권위주의적이고 '폭력적인' 이슬람 종교 때문이라는 지적도 많다. 7세기 초에 등장한 이슬람 종교의 보수적인 성향이 아직도 중동의 정치·사회를 좌지우지하기 때문에 근대화 과정과 충돌한다는 시각이다. 새뮤얼 헌팅턴은 그의 저서 《문명의 충돌》에서 21세기에도 이슬람의 문명적 정체성이 국제사회 분쟁의 씨앗이 될 것이라고 경고했다. 그러나 아랍에미리트와 같은 나라에서는 아직 단 한

번의 테러도 발생한 적이 없다.

또한 중동 국가의 정치 체제는 대부분 이슬람 체제가 아니다. 서방에서 도입한 공화정이거나 중동 전통의 군주제다. 이슬람의 정치 체제는 알라의 주권하에서 선출로 지도자를 뽑는 것이다. 현재 이를 적용하는 이슬람 국가는 한 곳도 없다. 마찬가지로 모든 중동 국가가 이슬람 경제가 아닌 자본주의 혹은 사회주의 경제 체제를 가지고 있다. 또한 중동 법제의 90퍼센트 이상은 서방에서 도입한 실정법이다. 이슬람법은 가정법원에서 이혼, 상속 등에만 적용된다. 따라서 이슬람 종교가 중동 분쟁의 배경이라고 보는 것은 지나친 비약이다. 다만 일부 정치 세력이 이슬람을 이념적으로 이용해 자신들의 행위를 정당화하고 있을 뿐이다.

중동의 민주화가 더딘 진짜 이유

중동의 분쟁과 더딘 민주화를 설명하는 또 다른 시각은 국민국가 형성nation-state building과 관련한 접근법이다. 역사적으로 현재의 중동 국가들은 대부분 신생국가다. 터키만 예외일 것이다. 7세기에 등장한 찬란한 아랍이슬람제국이 무함마드에 이어 정통 4대 칼리파Khalifa(후계자)와 우마이야Umayyah 왕조 그리고 압바시야Abbassiyah 왕조까지는 이어졌다.

하지만 몽골의 침략으로 압바시야 왕조가 멸망하고 바그다드가 불탄 1258년 이후 중동을 아우르는 아랍이슬람제국은 없었다. 중동은 몽골의 지배를 받았고, 이어 16세기부터는 오스만제국이 패권을 잡았다. 19세기부터는 본격적으로 유럽 열강의 식민통치하에 있었다. 1922년 오스만제국은 공식 해체되고, 터키공화국은 아나톨리아 반도만을 중심으로 한 국민국가가 되었다.

현재 대부분의 중동 국가들은 제2차 세계대전 이후 독립했다. 상당수 국가의 국경이 자연적이거나 역사적인 것이 아니다. 과거 우리의 38선처럼 유럽 열강이 자국의 이해와 편의에 따라 획정한 국경이다. 위도와 경도가 국경이 된 나라들도 많다. 인위적으로 국경이 설정되면서 다양한 민족과 부족 그리고 종파가 급조된 한 나라 내에 포함되었다. 이런 상황에서 새로 등장한 집권 세력은 국가통합을 강력한 중앙집권적 권위주의 체제에 의지할 수밖에 없었다. 더욱이 이들 국가의 지배층은 서구 열강의 권위주의적 식민통치에 익숙했다. 이들이 서방으로부터 배운 것은 민주주의가 아니라 식민지 통치방식이었다.

대부분의 중동 국가들은 권위주의적 강압통치에도 불구하고 중앙정부의 물리적 통제권이 아직도 영토 전역에 미치지 못하는 경우가 많다. 역사적 정체성 확립이나 통합의 과정 없이 제1, 2차 세계대전 이후 급작스럽게 인위적으로, 불과 50여 년 전에 수립된 주권국가들이기 때문이다. 아직 국가통합 과정에 있는 것이다. 국민국가 형성에 있어서 초기 단계라고 할 수 있다.

여기에 최근에는 인구가 폭증하면서 저소득층과 기득권 세력 간의 계층 갈등도 확산되고 있다. 현재 테러가 많이 발생하고 있는 국가들, 즉 아프가니스탄, 파키스탄, 예멘, 수단, 소말리아, 이라크, 시리아 등이 특히 국민국가 형성이 미진한 나라들이다. 아프가니스탄의 경우 현재 정권이 '카불 정부'라고 불린다. 중앙정부의 권위가 수도에만 미친다는 뜻이다. 지방에 사는 사람들은 국가보다는 부족에 더 충성하는 경향도 있다.

2011년 아랍의 봄 이후 정권이 교체된 리비아와 예멘 그리고 전쟁으로 정권이 교체된 이라크와 아프가니스탄에서는 사실상 나라가 분열되는 현상이 나타나고 있다. 이들 국가는 현재 준準내전 상태다. 2003년 이라크전쟁 이후 등장한 북부의 쿠르드자치정부는 원유 수출 대금을 예치하고 분배된 예산을 수령하라는 중앙정부의 지시에 아직도 따르지 않고 있다. 때문에 일부 학자들은 중동의 상당 국가가 아직 무암마르 카다피, 사담 후세인, 알리 압둘라 살리흐Ali Abdullah Saleh 정권 같은 권위주의 독재 체제를 필요로 한다고 주장한다. 국가 정체성이 확립되고 통합이 이루어져야, 민주주의와 경제 성장이 제대로 이루어질 수 있다는 시각이다.

그런데 국민국가 형성은 상당한 기간이 소요되는 정치과정이다. 영국의 경우만 보더라도 1649년 청교도혁명으로 찰스 1세Charles I의 전제정치를 종식시켰으나, 공화정을 수립한 올리버 크롬웰Oliver Cromwell이 의회를 탄압하는 등 독재를 행하면서 1688년 명예혁명이 일어났다. 다시 왕정으로 복귀한 것이다. 다음 해인 1689년 의회가 권리장전을 제출하고 국왕이 이를 승인하면서 입헌군주제가 정립되었지만, 18세기 초에 이르러서야 내각책임제가 정착됐다. 그리고 산업혁명으로 경제가 부강해지면서 국가통합과 민주주의가 이루어졌다. 대부분 유럽 국가들이 현재의 국민국가 형성을 위해 100년 이상 공을 들여야 했던 것이다. 이들 국가들은 전 세계에 식민지를 운영하면서 축적한 막대한 부와 산업기술을 바탕으로 급속한 경제 성장을 이루어가면서 국가통합도 달성한 것이다.

중동이 화약고인 이유에는 이처럼 미진한 국민국가 형성이 그 바탕에 깔려 있다. 그런데 이런 배경을 우리는 너무 간과하고 있다. 우리가 국민국가 형성에 크게 어려움을 겪지 않았기 때문이다. 일제 강점기 이후 우리는 비교적 쉽게 국민국가를 이룰 수 있었다. 삼면이 바다로 둘러싸여 있고, 북한마저 분리되어 있었다. 또 오래전부터 우리는 단일민족이라는 강력한 정체성을 가지고 있었다. 우리는 너무 우리의 시각으로 중동을 보는 것은 아닐까.

지도자가 죽어야 바뀌는
아랍의 정권들

2013년 8월 21일 북서아프리카의 지중해 연안 국가 모로코에서는 큰 축제가 열렸다. 국왕 무함마드 6세Muhammad VI의 생일이었던 것이다. 이날은 국경일이자 휴일이었다. 주요 도시의 거리 곳곳에는 국기가 게양됐고, '국왕의 장수와 영광'을 기원하는 플래카드가 걸렸다. 밤에는 국왕의 생일을 축하하는 전광판들이 환하게 불을 밝혔다. 지중해 연안 상공에서는 에어쇼가 펼쳐졌다. 수많은 파티도 열렸다. 전통 공연은 물론 각종 문화 공연도 열려 왕의 생일을 축하하고 그간의 업적을 기렸다. 대부분 정부 소유인 주요 언론도 왕의 치적을 치켜세우는 특집기사로 장식되었다. 하지만 2014년 국왕의 생일 축제는 그의 이모가 서거하면서 '아쉽게도' 취소되었다.

무함마드 6세는 1666년에 시작된 모로코 알라위트Alaouite 왕조의 제18대 왕이다. 1961년에 즉위한 아버지 하산 2세가 38년을 통치하다가 1999년 7월 폐렴으로 인한 심장마비로 사망하자 그가 왕위를 이어받았다. 입헌군주제의 전통에 따라 헌법이 보장하는 절차에 의거, 국가 최고지도자에 오른 것이다. 모로코에서 국왕은 삼권을 초월하는 절대권력을 갖는다. 군통수권, 의회해산권, 법률공포권, 조약비준권, 사면권, 비상사태 선포권 등을 모두 가지고 있다. 특히 군 참모총장을 겸직하여 군을 완전히 장악하고 있다.

장기집권은 당연, 부자세습은 선택

무함마드 6세는 1999년 왕위에 오를 당시 35세였다. 현재의 추세라면 앞으로 수십 년은 더 모로코의 최고지도자로 남아 있을 것이다. 아랍의 다른 왕정, 즉 사우디아라비아, 아랍에미리트, 오만, 쿠웨이트, 요르단, 카타르, 바레인 등에서도 왕위는 아들 혹은 형제에게 대물림되고 있다. 한 가문이 한 국가를 수십 년 혹은 수백 년 동안 통치하고 있는 상황이다. 아직 왕정 체제에 대한 심각한 내부적 도전이 없어서 왕위 계승은 지배가문이 알아서 결정한다. 카타르 국왕 하마드Hamad는 2013년 건강상의 이유로 왕위를 아들 타밈Tamim에게 넘겨주었다. 당시 타밈의 나이는 33세였다.

왕정뿐만이 아니다. 공화정을 채택하고 있는 아랍 국가의 상황도 마찬가지다. 사망하거나 혁명으로 쫓겨나기 전까지는 권력을 놓지 않

왼쪽 위 사우디 관공서 전면에 부착된 국왕 사진
가운데 위 모로코의 길거리에서 국왕 가족 사진 액자를 좌판에 올려놓고 파는 상인
오른쪽 리비아 수도 트리폴리 거리에 걸린 카다피 사진
왼쪽 아래 아부다비 힐튼 호텔 정문에 장식된 왕족의 사진

는다. 리비아의 지도자 무암마르 카다피는 1969년에 쿠데타로 정권을 차지하고 42년을 통치한 후, 2011년 반군에 의해 사살됐다. 이웃나라 이집트의 후스니 무바라크Husni Mubarak 대통령은 1981년 취임한 후 2011년 시민혁명으로 퇴진했다. 예멘의 알리 압둘라 살리흐 대통령도 1978년부터 2012년까지 집권하고 혁명 세력과 국제사회의 압력으로 물러났다. 왕정이든 공화정이든 대부분의 아랍 국가는 '죽어야 바뀌는' 정권이 장기집권하고 있다.

혁명으로 축출된 정권들의 공통점은 공화정임에도 불구하고 아들에게 권력을 넘겨주려 했다는 것이다. 부자세습에 성공한 시리아도 2011년 3월 이후 내전에 직면하고 있다. 1971년에 정권을 잡아 2000년까지 29년을 통치한 하피즈 알-아사드 Hafez al-Assad 대통령은 사망하면서 아들 바샤르 알-아사드 Bashar al-Assad에게 대통령직을 넘겼다. 바샤르는 영국에서 의학 공부를 하던 중 아버지의 죽음으로 급작스럽게 귀국해 대통령이 되었다. 정치 경험이 전혀 없던 그는 아버지 측근의 도움으로, 수년간 지속되는 내전 속에서도 2016년 6월 기준으로 27만 명 이상을 학살하며 권력을 움켜쥐고 있다.

부패한 정권과 이슬람주의 야권의 부상

이런 장기집권 상황에 가장 고통받는 이들은 당연히 국민이다. 왕정 체제, 군사정권 하에서 국민의 목소리는 거의 들리지 않는다. 대부분의 장기집권 국가에서 왕족과 대통령 일가 혹은 그 측근은 무소불위의 권력과 부를 차지하고 있다. 왕족과 대통령 일가가 정부의 주요 부처 그리고 최대 정부기업을 운영하는 것이 일반적이다. 장기집권은 부패를 낳을 수밖에 없다. 의사결정 과정도 불투명하기만 하다. 국민의 의사와 관계없이 집권층의 부와 이익을 위한 정책이 난무한다. 아랍에서 수주를 받기 위해서는 왕족과의 커넥션이 필요하다는 말이 여기서 나온다. 수조 달러에 달하는 오일머니를 가지고 있으면서도 아랍의 산업과 경제가 발전하지 못하는 이유도 여기에 있다.

왼쪽 위 '더 이상 억압과 부패는 없어야 한다'는 내용의 팻말을 든 이집트 청년
오른쪽 위 이집트 무바라크 대통령의 2005년 대선 선거 포스터
왼쪽 아래 이집트 알-아즈하르 사원의 시위대와 밖에 대기 중인 경찰
오른쪽 아래 이집트 총선 모습. 여성도 적극 참여한다.

아직 정치의식이 높다고 할 수는 없지만, 아랍 국민의 상당수는 자국의 장기집권 현상에 불만을 가지고 있다. 수십 년간 똑같은 지도자를 바라보고 발전하지 못하는 국력과 경제력을 지켜보면서 반정부 감정이 생겨난 것이다. 이들 반정부 세력을 대변하는 것이 바로 이슬람 세력이다. 국민 대다수가 믿는 이슬람 종교를 이념으로 하는 반정부 이슬람 세력이 세속적 반정부운동보다 더 효과적인 역할을 하고 있다. 폭력적인 수단을 동원하는 세력도 극소수 있지만, 대부분의 이슬람운동은 선거를 통한 정권 교체라는 민주화를 위해 활동하고 있다.

과격 테러단체가 등장한 것도 아랍의 비민주화와 관련 있다. 아프가니스탄에 본부를 둔 알-카에다는 사실 아랍 각국의 독재정권을 피해 도피한 이슬람주의자들의 모임이다. 알-카에다의 전 지도자 오사마 빈 라덴과 현 지도자인 아이만 알-자와히리는 각각 친미 성향 국가인 사우디아라비아와 이집트 출신이다. 이들에게는 야권을 탄압하는 자국의 독재정권과 이를 지원하는 미국이 모두 적일 수밖에 없다.

이슬람이 비민주화의 원인이라고?

현 독재정권들도 장기집권에 대한 누적된 불만으로 반정부 감정이 고조되고 있다는 사실을 잘 알고 있다. 그리고 자신들 때문에 등장한 이슬람운동을 역으로 권력 유지에 이용하려 하고 있다. 독재정권들은 '안정'을 위해 민주적인 선거를 치를 수 없다고 주장한다. 그 예로 1990년대 알제리 내전을 들고 있다. 동구권의 민주화 이후 국제사회의 압력이 고조되자 알제리 정부는 1991년 말 자유로운 총선을 허용했는데, 이때 이슬람정당이 압승했다. 그러자 알제리 군부는 내부 쿠데타를 일으켜 총선 결과를 취소했다. 이런 군부의 움직임에 이슬람 세력이 반발하면서 1999년까지 내전이 이어졌다. 그 결과 10만여 명이 목숨을 잃었다.

이후에도 유사한 상황이 이어졌다. 2005년 1월 이라크 총선에서는 시아파 정치연합이, 2006년 1월 팔레스타인 총선에서는 이슬람주의 정치 세력 하마스Hamas가 승리했다. 2011년 아랍의 봄 이후에도 튀니지, 모로코 그리고 이집트 총선에서 이슬람 세력이 승리했다. 이집트에서는 총선과 대선 승리로 집권한 무슬림형제단Muslim Brotherhood에 대해 2013년 군부 쿠데타가 일어나 다시 군사정권이 들어섰다.

'선거=이슬람 세력 승리' 공식에 대한 두려움으로 상당수 아랍 국가는 자유선거를 허용치 않고 있다. 오만, 아랍에미리트, 사우디 등에는 아예 의회선거 자체가 없다. 정당도 허용하지 않고 있다. 자유화 혹은 민주화에 대한 공포가 아랍 정권들의 자발적인 정치 개혁에 발목을 잡고 있는 아이러니한 현상이 이어지고 있다. 이슬람 종교 자체에 문제가 있다기보다는, 장기독재정권에 도전하는 이슬람 정치 세력에 대한 공포가 정권들의 자발적인 민주화를 가로막고 있다고 보는 것이 더 적절할 것이다.

민주화의 적은 미진한 사회경제 발전

아랍은 결코 '민주화 과정'에서 뒤처진 곳이 아니다. 민주화를 위한 시도는 우리보다 훨씬 빨랐다. 19세기부터 유럽의 식민지하에 있으면서 아랍에는 많은 유럽의 정치제도와 사상이 전파되었다. 이집트 등 일부 나라에서는 이미 1920년대부터 의회선거가 치러졌다. 문제는 국민의 정치의식이라는 인프라 없이 '위로부터' 도입된 개혁 조치였다는 것이다. 제2차 세계대전 이후 독립해 공화정을 선포한 많은 국가들이 서양의 모델을 적용하려 노력했다.

그러나 대부분의 권위주의 정권은 선전 수단으로 '민주화'를 주창했을 뿐이고, 가난과 실업에 시달리던 국민들은 무관심으로 일관해 결과적으로 따르게 됐을 뿐이다. 비산유국 공화정 국가들의 경우 국민의 상당수가 생활고에 직면해 있다. 하루하루 연명하기에 바쁜 삶 속에서 국민이 국가의 주인이라는 의식이 빠르게 확산되지 못했다.

산유국들의 경우에는 오일머니를 장악한 지배 왕족이 대부분 정치권력도 독식했다. 이들은 각종 복지혜택을 통해 국민으로부터 정통성과 지배권을 인정받았다. 세금을 내지 않는 국민들이 자신들의 권리를 주장하며 권력에 도전하기란 쉽지 않았다. 국가가 경제를 주도하면서 정부 혹은 왕족에 도전할 수 있는 민간의 신흥 상공 세력도 제대로 성장하지 못했다. 오히려 정치·경제 권력을 장악하고 있는 왕족 혹은 정부와 타협하고 협력하는 것이 가장 빠른 성공이 조건이 되었다. 걸

아랍권 정치 체제 분류

왕정	공화정	기타 공화정
요르단: 입헌군주제	이집트: 대통령 중심 공화제	팔레스타인: 수반 중심 자치정부
쿠웨이트: 입헌군주제	수단: 대통령 중심 공화제	레바논: 공화제 (종파 간 권력 분할 점유)
모로코: 입헌군주제	시리아: 대통령 중심 공화제	아랍에미리트: 연방공화제 (실제로는 왕정)
바레인: 입헌군주제	알제리: 인민공화제 (대통령 중심)	모리타니: 이슬람공화제 (구국 군사위원회 중심)
오만: 절대군주제	지부티: 대통령 중심 공화제	이라크: 연방공화제
사우디아라비아: 이슬람주의 절대군주제	튀니지: 공화제	예멘: 연방공화제 준비 중
카타르: 헌법 제정, 사실상 절대군주제	소말리아: 공화제	리비아: 공화제 준비 중

프 왕정 국가의 국민들은 풍족한 삶을 살고 있으나, 결국 제대로 된 산업 및 시민사회의 발전은 달성하지 못하게 된 것이다.

아랍의 민주화가 더딘 데는 외부적인 요인도 있다. 시리아와 이란을 제외한 대부분의 아랍 독재정권은 미국 등 서방과 우호적인 관계를 유지하고 있다. 국민은 반미지만 이들 정권은 서방의 정치적 지원을 받고 있다. 그럼에도 이들 정권들에 대한 국제사회의 실질적인 민주화 압력은 거의 없다. 결국 많은 아랍의 독재정권들은 서방의 정치적 지지와 군사적 지원을 정권 유지와 강화에 적극 활용하고 있다.

이슬람은 테러의
종교인가?

2014년 아프리카 서부 나이지리아에서 발생한 한 사건으로 전 세계가 충격에 빠진 바 있다. 보코 하람Boko Haram이라는 과격단체가 2014년 4월 중순 한 공립여학교를 급습해 중학생 276명을 납치한 것이다. 이들은 같은 해 5월 초에도 11명의 소녀들을 납치했다. 보코 하람의 지도자는 자신이 제작한 동영상에서 '알라께서 내게 여학생을 데려다 팔라고 지시했다'고 밝혔다. 그는 또 '소녀들을 개종시킨 후 결혼시키거나 노예로 팔 것'이라고 위협했다. 동영상에서는 강제적으로 이슬람을 받아들인 소녀들이 히잡(무슬림 여성의 두건)을 쓰고 구란의 첫 장을 낭송하는 장면도 등장했다. 실제로 일부 소녀들이 이미 12달러에 보코 하람 대원들의 신부로 팔리거나, 카메룬, 차드 등의 인근 국가로 팔렸다는 소식도 전해졌다.

국제사회는 보코 하람의 이러한 반인도적 범죄에 경악했다. 유엔 사무총장과 교황은 이 사건을 강력 비난하고 즉각적인 인질 석방을 촉구했다. 미국, 영국, 프랑스 등 강대국들도 전문가와 장비를 파견해 수색 및 구출 작전을 지원했다. 나이지리아 정부와 군의 무기력한 대응에 대한 자국민과 국제사회의 비난도 이어졌다. 전 세계 주요 도시들에서는 국제사회의 보다 적극적인 개입을 요구하는 시위도 연이어 발생했다.

서구식 교육은 죄악, 가난과 차별에 대한 분노

보코 하람은 '금지된 죄악'이라는 의미의 아랍어 '하람Haram'과 '가짜'라는 서부 아프리카의 하우사어 '보코Boko' 두 단어로 이루어진 과격단체의 이름이다. 보코는 이 조직의 주요 공격 대상이 서구식 교육기관이라는 점에서 '이슬람을 따르지 않은 서구식 교육'을 의미하기도 한다. 2002년 결성된 이 과격단체는 '서구식 교육은 죄악'이라는 뜻의 단체 이름이 말해주듯 샤리아Shariah(이슬람 법)에 의해 통치되는 이슬람 국가 및 사회를 구축한다는 목표를 가진 반정부 군벌이다.

이들은 특히 2009년부터 나이지리아 북부를 중심으로 정부군과 맞서며 무차별 테러방식을 통해 게릴라전을 펼치고 있다. 이 과정에서 2014년 한 해에만 6,600여 명이 목숨을 잃었다. 보코 하람은 각종 폭탄 공격, 요인 암살, 인질 납치 등을 통해 공포를 조장하면서 자신들이 장악한 지역을 사실상 통치하고 있다. 더불어 바지와 티셔츠도 금지하는 등 강력한 반서구적 생활방식을 강요하고 있다. 때문에 한때 이슬람식으로 아프가니스탄을 통치했던 탈레반Taleban의 이름을 따 '나이지리아의 탈레반'이라는 별명도 가지고 있다.

보코 하람은 테러단체다. 자신들의 정치적 목적을 달성하기 위해 무차별적인 테러를 감행하고 있다. 테러는 어떠한 목적으로도 정당화될 수 없다. 하지만 나이지리아의 역사적 그리고 경제적 상황을 파악한다면, 이들이 왜 이처럼 극단적인 행위를 하고 있는지를 보다 잘 이해할 수 있다.

우선 나이지리아는 무슬림이 다수인 국가다. 인구 1억 7,500만 명 중 약 9,000만 명이 무슬림이다. 아랍 국가들을 제외하면 아프리카에서 가장 큰 이슬람 국가다. 이들 무슬림은 대부분 나이지리아 북부에 거주하고 있다. 그런데 국가의 부가 최대 도시 라고스를 포함한 남부에 집중되어 있다. 남부에 유전이 밀집되어 있기 때문이다. 교육, 보건, 상하수도 등 복지 및 사회 인프라도 대부분 남부에 투자되어왔다. 1인당 GDP가 남부 주요 도시의 경우 구매력 기준으로 2만 달러가 넘지만, 북부 대부분의 지역은 1,000달러도 되지 않는다. 산업시설의 부재 등으로 인해 북부 지역은 실질실업률이 40퍼센트를 넘는다.

나이지리아 북부 지역은 역사적으로도 이슬람국가가 있던 곳이다. 북부 나이지리아, 니제르 남부 카메룬을 아우르는 소코토 이슬람국가Sokoto Caliphate가 1804년에 설립되었다. 그 이전인 15세기와 16세기에는 송하이 이슬람제국Sonhai Islamic Empire이 이 지역 일대를 다스렸다. 소코토 이슬람국가가 1903년 영국의 식민지로 전락하고 분열되면서 현재의 나이지리아가 등장하게 된다. 유럽 제국주의에 의해 이슬람국가가 사라지고, 영국의 영향을 받은 서방식 체제가 등장한 것이다.

이후 나이지리아의 정치·경제는 영국의 후원을 받는 친서방 기독교인들이 밀집한 남부에 의해 주도되었다. 2015년 3월 선거에서 인구의 과반 이상을 차지하는 무슬림 출신 대통령 무함마드 부하리Muhammad Buhari가 선출되었지만 유전이 밀집한 남부가 계속해서 경제의 주도권을 쥐고 있다. 수출의 90퍼센트를 석유에 의존하는 아프리카 최대 산유국 나이지리아에서 부의 분배가 공정하게 이루어지지 않는 한 남북 간의 갈등은 지속될 것이다.

'이슬람주의' 정치 무장단체들의 등장

보코 하람은 이슬람주의Islamist 과격 테러단체인 동시에 이슬람을 정치적인 이념으로 설정하고 나이지리아 북부 지역에서 이슬람 국가를 재건하려는 정치적 무장조직이다. 이 과정에서 무자비한 테러를 감행한다는 점에서 테러단체로 분류된다. 이들은 다만 주민의 다수가 무슬림이라는 점에서 가장 보편적인 사고방식, 즉 이슬람을 이념으로 채택한 것이다. 이슬람을 정치적으로 이용하는 것이지, 이슬람의 종교적 가르침을 그대로 따르는 단체라고 보기는 어렵다.

이슬람에서 언급하는 지하드(성전)는 방어적 성격이 강하다. 이슬람 경전인 쿠란에도 '저들이 먼저 너희에게 싸움을 걸어온다면 살해하라. 이것이 신앙을 억압하는 저들의 대가'라는 구절이 있다. 외부의 침입과 점령으로부터 이슬람의 땅을 방어하기 위해 전투에 임하라는 말이다. 더불어 성전에 있어서도 엄격한 기준이 적용된다. 민간인을 살상하거나 그들의 재산을 유린하는 것은 금지된다.

자살폭탄테러도 이슬람 교리에는 어긋난다. 이슬람 종교는 자살을 금한다. 창조물 인간의 목숨을 결정할 수 있는 주체는 창조주 알라뿐이다. 따라서 보코 하람, 탈레반, 알-카에다 등 이슬람주의 과격 테러단체들은 경전에 등장하는 일부 구절을 과장 및 확대 해석해서 자신들의 행위를 정당화하려는 집단이다. 사우디아라비아, 이집트 등 거의 모든 이슬람 국가의 최고종교기관들이 보코 하람의 여학생 납치 등의 행위를 '비이슬람적'이라고 비난하고 인질 석방을 촉구하는 이유도 바로 이 때문이다.

위기 시 등장하는 과격주의

중동에는 보코 하람 등을 포함해 상당히 많은 수의 이슬람주의 단체들이 존재한다. 테러를 행하는 과격주의 단체들도 있지만, 대다수는 온건적인 성향을 보인다. 이들은 이슬람을 정치이념으로 내세우면서 합법적인 방법으로 권력을 차지하겠다는, 일종의 정당 기능을 하고 있는 단체들이다.

대표적인 예로 이집트의 무슬림형제단이나 튀니지의 알-나흐다al-Nahda당이 있다. 두 단체 모두 자유롭고 공정한 선거를 통해 합법적인 집권 정당이 되었다. 알-나흐다는 2011년 아랍의 봄 이후 총선에서 승리하면서 한때 사실상 튀니지의 집권 세력이었다. 하지만 2014년 총선에서 세속주의 정당에 패배하며 권력에서 물러났다. 무슬림형제단도 이집트의 집권 세력이 되었지만, 2013년 7월 군부 쿠데타로 축출됐다. 이들은 사회를 점진적으로 이슬람화하겠다는 목표를 가지고 폭력을 지양하며 제도권 내에서 활동하고 있다.

과격주의든 온건주의든 중동 내 이슬람주의 단체가 많은 이유는 사실상 간단하다. 가장 많은 지지를 쉽게 얻어낼 수 있는 이념이 이슬람이기 때문이다. 이는 이슬람이 종교인 동시에 정치이념으로 강력하게 작동하고 있기 때문에 가능한 것이다. 이슬람은 그 태동에서부터 정치이념으로서의 기능이 생겨났다. 이슬람을 창시한 사도 무함마드가 단순히 종교지도자가 아니라 이슬람국가를 창건한 정치지도자 역할도 수행했기 때문이다. 무함마드는 사우디아라비아의 메카와 메디나를 통합하고 이슬람국가를 설립했다. 그리고 국가의 수장으로서 직접 이 지역을 통치했다.

무슬림들은 무함마드와 그의 네 명의 후계자인 아부 바크르Abu Bakr, 우마르Umar, 우스만Uthman 그리고 알리Ali가 통치했던 시대를 가장 '완벽한' 국가 및 사회 체제로 간주한다. 단순한 종교적 이상이 아니라 실제 역사에 존재했던 가장 강성했고 완벽했던 국가였다. 이 기간 동안 무슬림들은 북아프리카와 현재의 중동 지역 전체를 정복해, 거대한 이슬람제국을 형성했다. 이런 역사에 근거하여 무슬림들은 알라의 가르침에 따라 국가와 사회를 운영한 결과, 가장 이상적이고 강성한 제국이 만들어졌다고 믿고 있는 것이다.

이슬람 사회 전반에 원리주의가 확산되어 있는 이유도 여기에 있다. 알라가 계시한 원칙과 율법에 따라 국가를 통치하고 강력한 제국을 형성했던 무함마드와 네 명의 후계자 시대가 '이상'이 아니라 '실제'로 역사 속에 존재하기 때문이다. '현재'를 비판할 수 있는 확실한 '근거'가 있다는 것이다. 따라서 많은 무슬림들은 이슬람 세계가 약화되어 유럽 제국의 식민지로 전락하고 현재까지도 서방에 뒤처져 있는 원인이, 이슬람의 가르침에 따르지 않고 지나치게 서구화한 지배계층에 있다고 생각한다. 특히 직업도 없고, 가난에 찌들고, 차별받는 빈곤층들은 현재를 부정하는 이런 이슬람 원리주의에 쉽게 빠져들고 있다. 이들은 현재의 암울한 상황에서 벗어날 수 있는 해결책으로서 다시 이슬람의 원리로 돌아가야 한다고 생각하고 있는 것이다.

따라서 이슬람 원리주의는 현재의 위기를 벗어나기 위한 정치적 이념일 뿐이다. 이런 이념을 주창하는 많은 단체들 중에서 일부 과격 세력들이 비인도적인 테러를 감행하고 있는 것이다. 약 1,400년의 이슬람 역사에서 이슬람 과격주의가 등장한 시점은 제한적이다. 유럽의 침공으로 시작된 십자군전쟁 기간인 11세기 말에서 13세기 말까지, 이슬람제국 압바시야 왕조가 몽골에 의해 멸망하고 수도 바그다드가 유린되었던 13세기 그리고 유럽의 제국주의로 중동이 식민지화된 19세기 이후 초반 일부 기간이다. 이슬람 역사에서 그 외의 기간 동안에는 과격주의가 없었다. 알-카에다, IS 등 무장 세력이 등장해 민간인을 무차별적으로 테러하는 것은 20세기에 나타난 현대적 현상이다.

유럽의 세력 확대로 수세에 몰린 터키가 1922년 공화국을 선포하면서 이슬람제국은 완전히 사라졌다. 대부분 중동 지역은 서방의 통제하에 있었다. 이런 상황에서 1948년 이스라엘이 건국한다. 서방이 지지하는 이스라엘과 중동의 네 차례의 전면전도 있었다. 이 과정에서 제2차 세계대전 이후 등장한 중동의 정권들도 서방의 세속주의를 모델로 권위주의 체제를 확립했다. 강력한 중앙집권 체제를 구축하기 위해 공화정 군사정권과 왕권은 물리력으로 국민을 억압했다.

결국 이에 대한 반발이 등장했다. 1952년 쿠데타로 집권한 가말 압둘 나세르 군사정권의 탄압으로 투옥된 무슬림형제단의 지도자 사이드 쿠틉Sayyid Qutb이 서방의 세속주의를 모델로 한 권위주의 체제를 비이슬람적인 것이라고 규정하고 무장투쟁을 독려한 것이다. 그는 이슬람에서 벗어난 독재정권과 '침략' 세력인 이스라엘과 미국에 대한 투쟁을 모든 무슬림들의 의무라고 강조했다. 현대 과격 이슬람주의 사상을 정립한 것이다. 오늘날 대부분의 이슬람 과격 세력은 쿠틉 사상의 영향을 받았다고 할 수 있다.

현재까지 이어지는 대서방 테러와 갈등의 신호탄은 1979년 소련의 아프가니스탄 침공이었다. 소련의 이슬람권 점령에 저항해 대대적인 성전이 8년 동안 지속됐다. 주로 사우디아라비아가 자금을 지원하고 미국이 무기 제공과 군사 훈련을 맡았다. 전 세계 이슬람권에서 자원한 무자히딘mujahidin(성전 참여자)들에게 다양한 테러기술이 전수됐다. 그 결과 1989년 소련이 물러갔고, 이슬람 전사들은 승리감에 도취됐다. 전투와 테러 경험을 가진 이들이 속속 자기 나라로 귀국하면서 중동에서는 반정부 테러가 이어졌다.

이들 과격 세력이 서방을 공격하기 시작한 것은 1991년 이후다. 사담 후세인이 쿠웨이트를 침공하자, 미군이 '사막의 방패' 작전을 위해 사우디아라비아에 주둔하기 시작한 해다. 이슬람 성지에 기독교 국가 미국의 군대가 주둔하면서 반서방 테러가 본격화된 것이다. 그 정점이 2001년 9·11 테러다. 이어 테러와의 전쟁을 명분으로 아프가니스탄과 이라크가 미국 주도 다국적군에 의해 점령되면서 테러는 더욱 늘어난다. 이후 과격 세력들이 결집하면서 2014년에는 이라크와 시리아 일부 지역을 장악한 IS가 국가를 선포한다. 다시 미국 주도 다국적군이 공습을 감행하자 서방 인질 참수 등의 보복 테러가 극에 달하고 있는 것이 현재의 상황이다.

이와 같은 갈등과 충돌의 과정 속에서 이슬람 과격 세력은 서방에

중동의 대외관계와 과격 이슬람주의 등장의 역사

연도 및 시기	중동의 역내 상황	이슬람주의의 등장
622년	이슬람의 등장	무함마드, 이슬람을 정치·사회 체제로 하는 초기 이슬람국가 설립
1096~1270년	십자군전쟁, 유럽의 8회 중동 원정	유럽에 대한 성전 등장(암살단 등장)
1258년	몽골의 바그다드 함락 (압바시야 제국 몰락)	이븐 타이미야(1263~1328), 무장투쟁을 정당화하는 최초 과격 이슬람주의 정립
1798년	프랑스의 이집트 침공 (유럽 제국주의의 중동 식민지화)	이슬람 부흥주의 등장
1948년	이스라엘 건국	반이스라엘, 반서방 무장단체 등장
1950~60년대	서방의 세속주의를 이념으로 하는 중동의 권위주의 군사정권 등장	반정부 이슬람 과격주의 등장 사이드 쿠틉, 무장투쟁을 정당화하는 현대 과격주의 정립
1979년	소련의 아프가니스탄 침공 및 점령	아프간 무자히딘 투쟁 (성전의 성공적 사례)
1991년	이라크의 쿠웨이트 침공 후 미군, 이슬람 성지 사우디 주둔	알-카에다의 반서방 테러 공격 시작
2001년~현재	9·11테러 이후 미국의 테러와의 전쟁 및 이라크와 아프간 점령	미국 주도 서방 다국적군의 중동 지역 점령에 대한 테러 증가 IS, 2014년 이라크와 시리아에서 국가 선포

대한 반감을 자신들의 이념과 테러를 정당화하는 수단으로 이용해왔다. 미국 주도의 아프간 및 이라크 전쟁과 점령을 바라보는 무슬림들은 거의 반사적으로 십자군전쟁을 떠올린다. 알-카에다의 지도자 아이만 알-자와히리, IS의 지도자 아부 바크르 알-바그다디 등 과격단

체 지도자들이 성명서를 발표할 때마다 언급하는 것이 '십자군 세력'이다. 이들은 현재 이슬람 지역을 공격하거나 주둔하고 있는 서양의 군대를 십자군과 동일시하고 있다. 또 앞서 한 번 설명했듯이 중동 학계와 언론조차도 미국의 경제 및 외교 정책을 좌우하는 3대 로비 세력, 즉 에너지, 군수, 이스라엘 로비 세력이 아프간 및 이라크 전쟁과 점령의 배후라고 주장하고 있다. 십자군 원정의 경제적 배경과 비슷하다는 것이다. 우리는 이슬람과 이런 이슬람 원리주의를 구분해야 한다.

이슬람이기
때문에?

이슬람주의 과격 세력 IS의 잔혹한 테러가 이어지고 있다. 이들은 2015년 10월 이집트 시나이 반도에서 러시아 민항기를 공중 폭파하고, 11월에는 프랑스 파리에서 연쇄 테러를 자행했다. 2016년 3월에는 벨기에 브뤼셀에서 연쇄 테러로 수십 명을 살해했다. 또 2014년과 2015년에는 자신들이 장악한 이라크와 시리아 일부 지역 내에서 소수 민족과 종파를 학살하고, 여러 명의 동서양 인질을 참수했다.

IS는 1999년에 '유일신과 성전al-Tawhid wa al-Jihad'이라는 이름의 조직으로 등장했다. 2004년 김선일 씨를 살해한 단체가 바로 이 단체다. 이들이 테러를 끊임없이 감행하면서 '이슬람의 폭력성'이 또다시 세계 여론을 흔들고 있다. 그러나 이슬람에서는 민간인, 특히 포로에 대한 살상을 금지하고 있다. 앞서도 말했지만 IS는 이슬람을 극단적인 이념적 수단으로 이용하는 테러 및 반군 조직이다. 그럼에도 불구하고 많은 사람들이 IS가 '이슬람 단체이기 때문에' 그런 행동을 한다고 생각한다.

불편한 프레임, 이슬람과 정교일치

이처럼 많은 사람들이 중동의 여러 현상을 두고 '이슬람 때문'이라는 프레임으로 바라본다. 중동은 이슬람이 모든 것을 좌지우지하는 곳이라고 보는 것이다. 또 많은 사람들이 아랍의 정치·경제적 후진성 역시 이슬람 때문이라고 보고 있다. 아랍 국가 22개국 중 정치적 그리고 경제적으로 선진화된 나라는 하나도 없다. 우리나라와 비교해볼 때 훨씬 먼저 서구화, 산업화하고 더욱이 1970년대부터는 석유 수출로 벌어들인 엄청난 오일머니가 있었는데도 말이다. 이에 대해서도 역시 하루에 다섯 번 예배를 보고 1년에 한 달을 단식을 하는데 언제 경제와 정치를 발전시킬 수 있겠느냐고 생각한다. 또한 1,400여 년이나 된 이슬람의 오래된 가치가 아직도 중동의 정치, 경제, 사회 및 문화를 지배하는 환경 속에서 현대화는 사실상 불가능하다고 생각한다.

때문에 우리는 중동을 언급할 때 '정교일치unity between church and state'라는 용어를 자주 사용한다. 사실 정교일치는 유럽 학자들에 의해 만들어진 용어다. 중세의 암흑시대를 개탄하며 꼬집는 말이다. 대체로 종교가 국가권력 위에 있었던 시대, 즉 종교의 권위가 정치, 경제는 물론 개인의 삶을 지배하면서 이성과 철학 그리고 과학이 침체될 수밖에 없었던 시대를 의미한다.

그러나 이슬람 역사에는 '유럽식'의 정교일치가 적용될 수 있는 시대가 거의 없다. 이에 대해 적지 않은 사람들은 오히려 현재의 이슬람이 과거 중세의 기독교보다 더 강력한 권위를 가지고 있다고 주장할 수도 있다. 또 과거 이슬람의 초창기, 즉 무함마드와 그의 후계자 4대 정통 칼리파 시대 40여 년 동안은 정치지도자가 종교지도자의 역할을 수행했다고도 할 수 있다. 그러나 이때도 종교가 국가권력 위에 있는 것은 아니었다. 이슬람 역사 1,400여 년 동안 이슬람의 주류인 수니파에서는 종교기관이 국가권력 혹은 왕권 위에 있었던 적이 단 한 차례도 없었다. 상징적인 예로 유럽의 중세를 배경으로 한 영화에서 자주 볼 수 있는, 교황이 즉위하는 왕의 두 어깨를 칼등으로 두드리는 의식 같은 것이 전혀 없었다는 것이다. 다시 말해 중동은 이슬람에 의해 좌지우지되지 않았다. 왜 그럴까?

모세 및 예수와 다른 정치지도자 무함마드

이를 이해하기 위해서는 이슬람 종교의 특성을 알아야 한다. 이슬람은 중동의 다른 양대 종교인 유대교, 기독교와 그 태동부터가 다르다. 이는 창시자 무함마드의 독특한 지위와 역할에서 기인한다. 유대교와 기독교의 모세와 예수는 하느님의 메시지를 전하는 종교적 사명을 마치고 삶을 마감했다. 즉, 종교지도자 성격이 강했다. 먼저 모세는 출애굽 사명을 수행하기 위해 이집트에 사는 유대인들을 설득해 '젖과 꿀이 흐르는 가나안 땅'까지 인도했다. 그러나 정작 본인은 가나안에 들어가 보지도 못하고 삶을 마감했다. 하느님의 사명을 수행하는 사도의 역할만 한 것이다. 예수는 헐벗고 소외된 이들을 이끌고 예루살렘에 입성함으로써 '하느님은 모두를 사랑하신다'는 하느님의 메시지를 전파하고 '범우주적 사랑'의 힘을 보여주었지만, 본인은 정작 예루살렘 입성 후 3일 만에 십자가에 못 박혀 하느님 곁으로 갔다.

그러나 이슬람의 사도 무함마드의 역할은 알라의 메시지를 전하면서 종교를 정착시키는 데 끝나지 않았다. 무함마드는 종교지도자인 동시에 정치지도자 혹은 최고권력자가 되었다. 무함마드가 계시를 받은 것은 그가 40세가 되던 610년이었다. 메카 인근 산의 히라Hira 동굴에서 3일간 명상을 하던 중 첫 계시가 내려왔다. 이후 그는 메카에서 알라의 메시지인 평화, 평등 그리고 사회정의를 설파했다.

그런데 문제가 있었다. 무함마드는 당시 메카의 지배 세력이었던 쿠라이시Quraish 부족에 속했으나 두 번째 서열의 하심Hashim 가문 출신이었다. 유목사회의 전통적 특징 중 하나는 최대 가문이 정치·경제권력을 모두 장악하는 것이었다. 그러니 두 번째 서열 가문 출신인 무함마드가 사회정의와 평등을 주창하는 것이 지배가문 압두 알-샴스Abd al-Shams 입장에서는 상당히 심기가 불편했을 것이다. 결국 무함마드를 제거하려는 음모가 진행되었다. 이를 눈치챈 무함마드는 622년 자신의 식솔과 지지자들을 이끌고 메카를 떠나기로 결심한다. 야밤에 이동을 시작해 구사일생으로 메카를 빠져나가 메디나로 이주(히즈라Hijra)하는 데 성공한다.

성직자가 없는 수니파 이슬람

이후 메디나 이슬람 공동체의 지도자로서 무함마드는 공동체를 유지하고 통제하기 위한 여러 제도와 장치를 만든다. 그는 정치 및 종교 공동체의 지도자였다. 먼저 정치지도자로 약 9년 동안 세력을 규합한 무함마드는 631년 대군을 이끌고 메카로 향해, 무혈입성에 성공한다. 그리고 자신을 죽이려 했던 지배가문을 시리아로 추방한다. 이후 이슬람국가의 기틀을 다져, 약 2년간 통치하다 죽었다. 최고권력자 및 정치지도자로서 무함마드는 자신의 권위에 도전할 세력을 용인하지 않을 목적으로 다음과 같은 두 가지 원칙을 만들었다.

첫째, 이슬람의 90퍼센트를 차지하는 수니파에는 성직자 계급이 존재하지 않는다. 뒤에서 자세히 설명하겠지만, 분파로 등장한 시아파는 정치적 탄압을 받아오면서 강력한 리더십을 구축하기 위해 지도자에게 종교적 권위까지 부여할 수 있는 성직자 계급을 만들었다. 때문에 시아파 국가인 이란은 현재 대통령 위에 최고종교지도자가 군림하는 유럽식의 정교일치 혹은 신정일치 국가로 변모했다.

하지만 본래 무함마드는 자신의 종교적 권위에 도전할 수 있는 세력이나 집단 자체를 허용하지 않았다. 따라서 이론적으로 수니파 이슬람에서는 누구나 예배를 인도하고 설교할 수 있다. 이처럼 설교단이 누구에게나 개방되면서 반정부 세력이 모스크를 장악하려 하는 일도 생겨났다. 때문에 근대에 들어와 중앙집권정부들은 정부에서 월급을 주고 모스크 담당자를 파견하고 있다. 하지만 원래 이슬람에서는 독립적인 성직자 집단은 없고, 경전과 신학을 공부한 학자, 즉 울라마들만이 존재할 뿐이다. 이들 학자들도 정부의 이슬람법 해석이나 종교 재산 관리를 위해 고용될 뿐이다. 다시 말해 성직자는 없고 공무원만 있다는 것이다. 직업적 성격의 교황, 주교, 목사 등도 존재하지 않는다.

둘째, 이슬람은 기독교의 십일조에 해당하는 자카트zakat(희사)도 누구에게나 줄 수 있도록 규정하고 있다. 기독교처럼 꼭 교회에 내야 하는 것이 아니다. 길거리에 있는 사람에게 주는 돈도 자카트다. 자카트는 모든 무슬림의 의무다. 자기 수익의 2.5퍼센트를 내야 한다. 어려운 사람들을 돕고 부를 재분배하기 위해 이슬람에서 도입한 제도다. 그러나 무함마드는 이 자카트를 누구에게나 줄 수 있도록 함으로써 돈이 종교기관에 모이는 것을 막았다.

위의 두 가지 원칙을 정리해보면, 이슬람에서는 종교기관에 성직자 계급과 돈이 없다. 성직자와 돈이 없는 종교기관이 왕권 혹은 권력

아부다비의 그랜드 모스크　　　　모스크 실내 예배 장면

층에 도전하거나 그 위로 올라설 수는 없다. 유럽의 중세하고는 크게 다르다. 정치지도자 무함마드가 추구한 것은 도전이 존재하지 않는 권위주의 사회였다.

사회적 영향력이 강한 이슬람

그렇다고 이슬람의 영향력 자체가 약하다고 말할 수는 없다. 이슬람이 가진 영향력은 사회적인 것이다. 어떤 종교나 이념이 권력을 추구한다면 오래가지 못한다. 권력은 영원하지 않기 때문이다. 권력이 무너지면 종교는 영향력을 상실하게 된다. 중세 시대와는 달리 권력이 무너진 현재 유럽의 기독교 종교기관이 이런 상태에 있다고 볼 수 있다. 그러나 앞서 살펴보았듯이, 무함마드는 이슬람이 권력을 추구하지 못하도록 애초에 여러 장치를 마련해두었다. 결국 이슬람은 그 태동부터 사회적인 역할만 할 수 있었다. 따라서 이 같은 사회적 역할과 영향력이 1,400여 년이 지난 지금도 살아남아 있는 것이다. 중동에서의 이슬람은 정치 및 경제 분야가 아니라, 사회 분야에서 강력한 기능을 하고 있다. 따라서 중동의 정치·경제를 이해하는 데 있어서 이슬람의 틀로만 본다면 상당한 오류에 직면할 수밖에 없다.

현재도 **IS 등 과격 이슬람주의** 테러는 **계속된다**

2016년 6월 12일 미국 올랜도Orlando의 한 동성애자 전용클럽에서 끔찍한 일이 벌어졌다. 사설경호업체 복장을 한 29세 청년이 3시간 동안 인질극을 벌이며 50명을 살해하고, 50여 명을 다치게 한 것이다. 미국으로 이주한 아프가니스탄 부모 밑에서 뉴욕에서 태어난 오마르 마틴Omar Martin이 이 사건의 범인이다. 그는 미국에서 초중고등학교는 물론 대학교까지 졸업하고 번듯한 직장도 가진 청년이었다.

그는 평소 길에서 키스하는 남성들을 보고 격노할 정도로 동성애를 혐오했다. 때문에 동성애자 전용클럽을 목표로 삼은 것이다. 그러나 이는 성소수자를 노린 단순 혐오범죄가 아니었다. 소총과 권총을 구입하고 장소를 물색하는 등 치밀하게 준비한 테러였다. 미 정부도 '국내 테러리즘'이라고 규정했다. IS는 사건이 보도된 직후 아마크Amaq 통신을 통해 '100명 이상의 사상자를 낸 올랜도 동성애자 전용클럽 공격은 IS 전사가 감행한 것'이라고 성명을 발표했다. 또 하루 뒤인 13일에는 다른 매체인 알-바얀al-Bayan 라디오 성명을 통해 '알라는 미국의 칼리파 전사 중 한 명인 오마르 마틴이 십자군들이 모여 있는 나이트클럽에 들어가 공격하는 것을 허락했다'고 강조했다.

오마르도 총격 직전 911에 전화해 IS에 충성을 맹세한 사실을 밝혔다. 그러나 아직까지 그가 IS의 대원이거나 직접적인 연계를 가졌다는 증거는 나오지 않았다. 또 테러를 감행하는 데 있어서 IS의 지원이나 명령도 받지 않았다. 자생적이고 독자적인 '외로운 늑대' 방식의 공격이었다. IS나 알-카에다의 이념에 동조하는 개인 혹은 소규모 조직이 세계 곳곳에서 우후죽순 등장해 테러를 감행하고 있는 것이다.

IS 이념에 감화된 자생적 테러리스트의 등장

IS도 이런 '외로운 늑대' 방식의 테러를 독려하고 있다. IS가 직접적으로 장악한 시리아와 이라크 일부 지역에서는 이들의 대원들이 직접 공격을 담당하고 있지만, 그 외 지역에서는 서방이 민간시설에 대한 테러를 부추기고 있다. IS의 대변인 격인 아부 무함마드 알-아드나니Abu Muhammad al-Adnani는 2016년 5월 성명을 통해 '모든 공격이 소중하다'며 '이라크와 시리아에서 우리가 벌이는 성전보다 서방 세계 한가운데서 벌이는 작은 성전이 더 가치 있다'고 사람들을 선동했다.

이는 스스로 IS의 이념에 감화된 자생적 테러리스트가 최대한 많이 등장하기를 바라며 독려하는 것이다. 대원이 아니더라도 언제 어디서나 공격을 감행하고 그 직전 IS에 충성을 맹세하면 사후에 조직의 일원으로 인정하고 전 세계 동조자들로부터 순교자로서 추앙받도록 만드는 것이다. 2015년 12월 캘리포니아 샌버나디노San Bernardino 요양시설을 공격한 자들도 범행 직전 IS에 충성을 맹세한 바 있다.

IS의 이 같은 테러방식은 2001년 9·11 테러 때와는 크게 다르다. 9·11의 경우 알-카에다 본부가 기획해 테러범을 훈련시킨 뒤 미국으로 침투시켜 감행한 공격이었다. 하지만 IS가 감행하는 대부분의 서방세계 공격은 현지의 네트워크 혹은 동조자에 의한 것이었다. 2015년 11월 파리 테러, 2016년 3월 브뤼셀 테러의 범인들도 대부분 파리와 브뤼셀 거주자들이었다.

영토를 장악하고 국가를 선포한 IS가 점령지 외 서방에서도 테러를 지속하는 데는 분명한 목표가 있다. 자신들의 국가 존재 이유와 투쟁을 '이슬람 vs. 기독교'라는 종교전쟁 구도로 몰아가는 것이다. 이들은 전 세계 무슬림들에게 11세기에서 13세기까지 이어진 십자군전쟁을 상기시키면서, 현재 진행 중인 '21세기 십자군전쟁'에 동참할 것을 독려하고 있다. IS가 초기 이슬람의 가르침에 기반을 두고 이라크와 시리아에 걸쳐 설립한 '칼리파 국가'의 '성공적 존재'를 위해 서방과 맞서 싸울 것을 독려하고 있는 것이다.

이런 종교전쟁 구도는 궁극적으로 IS의 대원 모집에도 도움이 된다. 먼저 IS의 테러가 이어지면서 서방에서는 '이슬람공포 증Islamophobia'이 확산된다. 이런 분위기가 퍼지면 반反이슬람 정서에 서 비롯된 공격이 발생한다. 이슬람 경전 쿠란을 소각하는 동영상을 계속 내놓고 있는 미국의 테리 존스 목사가 그 대표적인 사례다. 또 미 공화당 대통령 후보 도널드 트럼프는 공식적으로 '일시적 무슬림 입 국금지' 등의 공약을 내놓기도 했다. 이런 서방 사회 분위기는 무슬림 청년의 취업과 공동체 생활에 악영향을 준다. 이렇게 소외받는 무슬림 청년들이 반서방 이슬람주의에 빠져들어 IS에 직접 가담하거나 동조 테러를 벌이게 되는 것이다.

사이버 공간을 활용하는 21세기 테러

IS가 전 세계에서 외로운 늑대를 양성할 수 있는 배경에는 뛰어난 사이버 공간 활용이 있다. IS의 선전 및 홍보 전략은 기존의 이슬람 과 격 세력과 비교할 수 없을 정도다. IS는 21세기 테러의 전형을 보여준 다. 홍보와 선전에 있어서 정보통신기술을 매우 잘 이용하고 있다. 특 히 인터넷과 SNS를 적극적으로 활용한다. 트위터, 페이스북, 인스타 그램, 킥Kik, 애스크닷에프엠Ask.fm, 브이케이VK 등의 인터넷 및 SNS를 통해 수백만 청소년들에게 자신들의 주장을 전파하고 있다. 알-카에 다 등 20세기 테러단체들과는 크게 다르다.

IS는 고화질 동영상과 다양한 색채로 편집된 가독성이 높은 영어 게시글들을 인터넷 및 SNS에 올리고 있다. 여기에 최근 인기를 얻고 있는 GTA라는 게임을 이용해 자신들의 전투 장면을 홍보하기도 한다. 전투 장면뿐만 아니라 감성적인 휴먼드라마도 제작한다. 대표적인 예가 '외국인 전투원의 하루'라는 동영상이다. 아침에 일어나 어떤 생각을 하고, 어떤 각오로 전투에 임하고, 고국의 부모 혹은 친지와 어떤 대화를 나누는지 등의 인간적인 면모를 하나의 동영상으로 만들어 한창 감성적인 청소년들에게 노출시킨다. 과거 중동에서 제작된 아랍어로 된 조악한 동영상이 아니다.

이렇게 IS가 만든 수백 개의 홍보물이 사이버 공간에 존재한다. 누구라도 접근할 수 있다. 이런 선전방식은 세계 각지에서 지원자를 모집하기 위한 것이다. '집과 생필품을 제공한다', '월급도 준다', '결혼도 시켜준다' 등의 그럴듯한 정보를 올려, 자국 사회에 불만을 가진 청소년들, 이슬람 과격주의에 심취한 청소년들을 유인하고 있다.

그러나 IS의 홍보 내용은 사실이 아니다. 먹을 것과 잠잘 곳은 제공되겠지만, 이라크나 시리아로 간 청소년들은 군사훈련을 받고 대부분 테러에 이용된다. 자살폭탄테러를 위해 몸에 폭탄을 두르기도 한다. IS는 자신들의 목적을 위해 이용할 청소년들을 노리고 있는 것이다. 한국인 김 군을 포함해 100여 개국에서 2만 명 이상의 청소년들이 이 덫에 걸리고 말았다.

이슬람주의 운동의 획기적 전환점

IS는 다른 테러조직과 달리 경계는 모호하지만 시리아 동부와 이라크 서부를 아우르는 '영토territories'에 대한 통치권을 주장하고, 그 지역에 '칼리파 국가'를 수립했다. 어떠한 국가도 이를 승인하지는 않고 있지만, 어쨌든 테러조직이 수립한 최초의 칼리파 국가다. 알-카에다 아라비아 반도AQAP 혹은 마그렙 알-카에다AQIM처럼 거점이라고 불릴 정도의 소규모 지역을 장악하고 은밀하게 활동하던 과거 혹은 기존의 다른 테러조직들과는 달리, IS는 방대한 지역을 장악하고 국가를 선포하고 공개적으로 활동하고 있다.

방대한 영토를 장악하고 있다는 것도 큰 의미를 갖지만, 보다 중요한 것은 IS가 실제로 국가의 기능을 하고 있다는 점이다. 정치 행위도 통치도 지하활동이 아닌 공개적인 방식으로 한다. 장악 지역에서 나름의 대중적 지지도 확보하고 있다. IS는 기존 국가의 통제권이 상실된 지역에서 영향력의 범위를 확대하고, 화폐를 발행하고 세금을 거둬 통치 자금을 마련하고, 전사를 훈련시키고, 대중의 지지를 강화하고 있다. 과거에 다른 어떤 테러조직들이 달성한 적 없었던 수준의 영향력이다.

2014년 6월 29일 IS가 칼리파 국가를 선포한 것은 이슬람주의 운동의 획기적인 전환점이라고 할 수 있다. 이들의 궁극적 목표가 영속적인 칼리파 국가 건설이라는 점에서 지속적인 대원 모집과 영토 수호는 이들의 가장 중요한 존재 이유다. IS는 테러조직에서 이슬람의 본질적

IS를 피해 터키로 온 시리아 난민들과 필자

인 이상국가를 추구하는 정치 세력으로의 변신에 어느 정도 성공했다고 볼 수 있다. 이들은 정치적 존재 이유를 위해 자신들을 공격하는 외부 세력에 대해 끊임없는 도전과 테러를 이어가고 있다.

제2, 제3의 과격 이슬람주의 테러는 지속된다

IS가 수립한 칼리파 국가와 이들의 테러 행위는 수년 내 종식될 것으로 보인다. 끔찍한 테러를 감행하는 IS에 대한 반감이 시리아와 이라크 내 장악 지역에서도 커지고 있다. 더불어 국제사회의 소탕 작전도 점차 힘을 얻어가고 있다. 66개국이 참여하는 다국적군의 격퇴 작전이 더욱 본격화되고 있는 것이다. 미국은 2016년 4월 13일 IS 제거를 위한 2단계 작전 돌입을 공식 선언했다. 앞선 20개월간의 1단계 IS 약화 작전은 성공적으로 수행했다고 자평하고 있다. 2단계 격퇴 작전 선언은 버락 오바마 대통령이 자신의 임기 내에 IS를 반드시 제거하겠다는 의지를 보여준 것이다.

2단계 작전의 핵심은 군사 작전을 확대해 IS의 조직 기반을 무너뜨리는 것이다. 목표는 IS의 정치적 수도인 시리아의 라카Raqqa와 경제적 수도인 이라크 북부의 모술Mosul을 탈환하는 것이다. IS는 이 두 도시를 빼앗기면 자신들이 설립한 이슬람국가의 기반이 무너진다. 반군 성향을 가진 대규모 조직에서 일개 테러단체로 몰락하는 것이다.

미국은 최근 보다 큰 규모의 군사 작전을 위해 B-52 폭격기를 카타르에 배치했다. B-52는 정밀유도탄 발사와 융단폭격이 가능한 최첨단 폭격기다. 지상전을 대비해 강력한 화력과 더불어 도로매설폭탄에도 견딜 수 있는 M1 에이브럼스 전차도 대거 투입했다. 대테러 작전에 적합한 전차다.

이러한 다국적군의 본격적인 군사적 조치로 IS는 결국 와해될 것이다. 2016년 6월에는 다국적군과 이라크 정부군 그리고 쿠르드 민병대가 IS의 상징적 수도인 바그다드 서쪽 팔루자Fallujah를 탈환한 바 있다. 그리고 IS의 정치적 수도인 시리아의 라카와 경제적 수도인 이라크 북부 인구 150만의 도시 모술에 대한 포위 공격을 강행하고 있다.

위 바그다드 청소년과 포탄

왼쪽 가운데 미군 포격에 뚫린 이라크 중앙 박물관 정문

오른쪽 가운데 전후 바그다드에서는 수돗물도 제대로
나오지 않고 있다.

왼쪽 아래 바그다드에서 시민의 몸수색을 하고 있는 미군

이제 IS는 존재 자체가 위기에 놓인 상태다. 대규모 병력과 차량을 동원해 퍼레이드를 벌이던 모습은 사라졌다. 대신 포위당한 주요 거점에서 민간인을 인간방패 삼아 건물 곳곳 은신처에 숨어, 시가전과 게릴라전을 준비하고 있다. 전면전이 아니라 비대칭 전술에 의존하고 있는 것이다. IS에게는 자살폭탄테러가 그나마 가장 손쉬운 역공이자 비대칭 전술이다. 자살폭탄테러는 인명 피해가 다른 테러기술보다 4.6배나 많을 정도로 치명적이다. 대원 한 명을 투입해 상대방에게 막대한 물리적·심리적 피해를 입히는 공격이다. 수세에 몰린 상황에서도 존재감을 부각시키고, 내부의 대열을 정비하는 수단이기도 하다.

문제는 제2, 제3의 IS 혹은 또 다른 이슬람주의 과격 세력이 계속 등장할 것이라는 점이다. 알-카에다에 이어 IS가 등장한 것과 같은 논리다. 앞서 한 번 설명했듯이, 이 지역이 불안정한 가장 큰 이유는 중동 및 북아프리카의 미진한 국민국가 형성 때문이다. 현재의 중동 및 북아프리카 국가들 대부분은 신생 국가다. 터키, 이란 등을 제외한 대부분 국가는 제2차 세계대전 이후에 생긴 과거 역사에도 존재하지 않던 완전히 새로운 나라들이다. 국경도 자연적이거나 역사적인 것이 아닌, 서방의 이해에 의해 인위적으로 획정된 것이다. 이렇게 국경이 설정되면서 다양한 민족과 부족 그리고 종파가 국경 내에 포함되었다. 국가 통합이 쉽지 않은 것은 당연하다.

이라크는 사담 후세인 정권이 무너지자 사실상 3등분 되고 있다. 리비아와 예멘은 2011년 아랍의 봄으로 각각 무암마르 카다피와 알리 압둘라 살리흐가 축출된 후 분열 양상을 보이다가 내전에 빠졌다. 물리력으로 국가를 강제 통합하려는 세력이 사라지니, 부족 세력 그리고 이슬람 세력이 부상해 나라가 엉망이 된 것이다.

'테러와의 전쟁'으로 사태가 해결될까?

　IS의 성장과 '국가 선포' 그리고 테러의 글로벌화는 국제정치 역학관계에 있어 매우 심각한 사안이다. 이슬람 과격 세력이 실질적으로 국가를 갖게 된다면 우선 중동의 정치 지형이 바뀔 수밖에 없다. 반정부 세력 혹은 반군 조직으로 활동하고 있는 중동 각국의 이슬람 세력도 IS의 전형을 따르려 할 것이다. 국제정치 역학적으로도 1648년 베스트팔렌조약으로 가톨릭 신성로마제국을 사실상 붕괴시키고 성립된 주권국가 체계도 흔들릴 수 있다. 특히 제3세계 국가들에 있어서 주권이 내부의 도전과 외부의 개입으로 위협을 받을 수 있다.

　때문에 IS 사태에 대한 국제사회의 개입은 포괄적이어야 한다. 군사적 개입뿐만 아니라 협상을 포함한 정치적 그리고 외교적 역량도 동원해야 한다. 그러나 현재까지 미국 주도의 다국적군은 '테러와의 전쟁' 차원에서 접근하고 있다. 미국의 오바마 행정부는 IS 사태에 대해 '제한적 개입' 입장을 유지해왔다. 지상군 투입은 절대 없을 것이라고 수차례 강조했다. 오바마 행정부는 이라크에서 이미 철군했고, 아프가니스탄에서도 인명과 장비의 손실을 최소화하는 출구전략을 가동하고 있다. 이라크에 다시 지상군을 투입할 의지가 없어 보인다.

다만 중장기적으로 이라크 중앙정부군, 쿠르드 자치정부군 그리고 온건 반군 세력을 육성해 지상 작전에 투입한다는 계획을 지속적으로 유지하고 있다. 결국에는 66개국의 다국적군 그리고 서방의 무기를 지원받은 이라크 정부군과 쿠르드 민병대가 IS를 무력화할 것으로 보인다.

IS의 완전한 격퇴는 군사력만으로 완수하기는 어렵다. IS가 적은 병력에도 불구하고 넓은 지역을 빠르고 쉽게 장악 및 점령하고 있는 이유는 시아파 중앙정부에 불만을 가진 수니파 주민들의 지지 덕분이다. IS는 미군 주도 점령에 대한 불만, 시아파의 권력 독점에 대한 반발로 등장한 세력이다. 또 최근 급성장한 배경에는 시리아 내전이 있다. 시리아 인구의 80퍼센트를 차지하는 수니파 반군이 국제사회의 무기와 장비를 지원받으면서 집권 세력인 바샤르 알-아사드 대통령의 알라위파Allawi(시아파의 일파)와 무장투쟁을 벌이고 있다. 이라크에 본거지를 둔 IS도 이 시리아 내전에 참여하면서 막대한 무기와 장비를 확보할 수 있었다.

따라서 이라크 내 수니파 자치정부를 허용하는 등 수니파에 대한 불만을 해소하고, 시리아 내전을 해결하려는 정치적·외교적 접근법도 필요하다. 수니파의 광범위한 불만이 지속되는 한 제2, 제3의 IS, 또 다른 과격주의 세력이 등장할 수밖에 없다. 이 시리아 내전 사태가 해결되고 합법적인 정부가 들어서야만 무법천지 속에서 등장한 IS의 활동을 근본적으로 무력화시킬 수 있다.

공습 위주의 군사적 조치는 그동안 큰 성과를 거두지 못했다. 아프가니스탄, 파키스탄, 예멘 등지에서 오랜 기간 무인공격기 드론을 이용한 폭격이 이어졌지만 테러 세력은 오히려 더 늘어나고 있다. 민간인에 대한 부수적 피해collateral damage로 인해 미국에 대한 반감만 커져왔다. 2001년부터 시작된 테러와의 전쟁이 15년째 지속되고 있지만, 테러 위협은 더욱 고조되고 있다. 전쟁과 격퇴가 아닌 테러의 배경과 원인에 대한 근본적인 이해와 대책이 더 필요하다.

중동은 **수니파**와 **시아파** 간 **전쟁 중**?

중동이 새로운 양상의 갈등에 휘말리고 있다. 바로 수니파와 시아파 간의 갈등이다. 2016년 1월 4일 수니파 국가들의 수장 격인 사우디아라비아가 시아파 종주국 이란과 외교관계를 단절했다. 이어 바레인, 수단, 지부티, 몰디브도 이란과의 국교를 끊었다. 아랍에미리트는 이란과의 외교관계 수준을 대사급에서 대리대사급으로 격하했고, 무역과 항공 등 민간교류도 중단했다. 그런가 하면 이란, 터키 등 이슬람권 내 시아파 거주 지역에서는 반反사우디 시위가 발생했다. 이라크에서는 수니파 사원들이 폭격을 당했다.

이어 1월 16일 이란에 대한 국제사회의 경제제재가 대부분 해제됐다. 이란이 국제사회의 정상적인 일원으로 사실상 복귀한 것이다. 시아파 종주국이자 중동 내 최대 성장 잠재력을 가진 이란이 이제 본격적으로 기지개를 켜기 시작했다. 그동안 중동 내 패권을 구가하던 사우디 주도의 수니파 국가들은 신경을 곤두세우고 있다. 이란의 국제 사회 복귀는 중동의 정치·경제질서에 큰 변화를 가져올 것이다. 물론 사우디와 이란 간 물리적 충돌 가능성은 크지 않다. 하지만 두 국가 간에 본격적인 경쟁구도가 형성되고 있는 것은 분명한 사실이다.

본격적인 힘겨루기의 시작

당분간 사우디와 이란 간의 역내 외교전이 치열할 것으로 예상된다. 이슬람의 양대 종파인 수니파와 시아파 간 본격적인 힘겨루기의 시작, 더 포괄적이고 장기적인 대립구도의 서막이다. 2011년 아랍의 봄 이후 발생한 개별 국가 내 정치적 불안, 혹은 IS 등 테러 세력의 창궐과는 차원이 다르다. 중동 지역의 거대한 두 단층이 충돌하면서 이 지역의 정치질서가 재편될 것이다. 수니파와 시아파라는 단층을 따라 이슬람권은 더욱 분열되고, 역내 불안정이 더 심화될 전망이다.

2014년 6월, 수니파 이슬람주의 과격 세력 IS가 이라크 제2의 도시인 북부의 모술을 장악하고 국가를 선포하면서, 시아파인 시리아와 이라크 중앙정부와 수니파 국가들은 본격적인 충돌에 돌입했다고 할 수 있다. 시아파 종주국인 이란은 이라크와 시리아의 시아파 정권을 지원하고 있고, 수니파 국가인 사우디아라비아, 터키 등은 시리아 내 수니파 반군을 지원하면서 중동 전체가 전화戰火에 휩싸이고 있는 분위기다. 여기에 또 2015년 3월부터 수니파 국가인 사우디아라비아 등이 결집하여 예멘 내전에 개입하고 있다. 예멘 북부의 시아파 후티 반군이 수도를 장악하고 수니파 중앙정부를 축출하면서부터다. 그런가 하면 이란은 예멘 내 시아파 반군을 직간접적으로 지원하고 있다.

때문에 중동이 수니파와 시아파 간 종교갈등에 빠져들었다는 분석이 자주 등장한다. 이대로 종파 간 전쟁이 발생할 수 있다는 우려도 제기되고 있다. 하지만 이를 두고 종교갈등이라고 치부하는 것은 적절치 않다. 종파 때문에 싸우는 것이 아니다. 중동 지역 패권을 놓고 경쟁하는 과정에서 종파를 내세우고 있는 것이다.

1980년부터 1988년까지 이어진 이란-이라크전쟁은 아직까지도 시아-수니파전쟁으로 불리곤 한다. 그러나 이 전쟁은 1979년 집권한 수니파 출신 사담 후세인이 자신의 정권을 유지하기 위해 1980년 9월 22일 이란을 침공하면서 시작되었다. 후세인은 접경 국가 이란에서 1979년 이슬람혁명이 발생하고, 권력을 잡은 호메이니가 '이슬람혁명 수출'을 선언하자 불안해질 수밖에 없었다. 그의 권력 기반인 수니파는 이라크에서 소수파였다. 이라크 인구의 65퍼센트는 시아파다.

시아파와 수니파 간에 반감이 존재하는 것은 분명하다. 그러나 이 반감이 물리적 갈등으로까지 이어지는 경우는 극히 드물었다. 일부 세력이 자신들의 정치적 목적을 위해 이 반감을 이용하는 경우가 많았을 뿐이다. 따라서 시리아 및 이라크 내전, 예멘 내전 그리고 사우디와 이란의 외교적 갈등의 원인도 종파 간 갈등이라기보다 정치적 주도권 다툼이라고 보는 것이 타당하다. 일반적인 편견과 달리 시아파와 수니파는 중동 지역에서 1,000년 넘게 공존해왔다. 수니파 왕조를 시아파가 아닌 같은 수니파가 전복한 경우가 더 많았고, 1950년대부터 1970년대에는 두 종파가 모두 공산당에 합류한 일도 있다.

정치적 갈등으로 등장한 시아파

먼저 시아파라는 용어는 잘못된 것이다. 아랍어로 시아Shia는 '분파' 혹은 '파'라는 의미다. 따라서 시아파라고 하면 '파파'가 되는 것이다. 시아파의 원래 이름은 '시아 알리Shia Ali'다. 즉, 무함마드가 건설한 이슬람국가를 계승한 네 명의 후계자(칼리파) 중 네 번째 후계자 알리를 따르는 무리 혹은 분파라는 의미다. 용어의 기원에도 잘 나타나 있듯이 정치적 분파다. 이슬람을 창시한 무함마드의 사후 권력 승계를 놓고 발생한 것이다. 당시 대다수 사람들은 무함마드가 사망하면 알리가 권력을 물려받을 것이라고 굳게 믿었다. 쉽게 말하면 시아파는 '대권을 차지할 사람에게 줄을 대던 사람들의 무리'다.

그런데 사람들은 왜 알리를 추종했을까? 사도 무함마드는 630년에 메카와 메디나를 통일하여 이슬람국가를 건립했다. 그런데 그에게는 아들이 없었다. 여러 아들이 모두 어린 나이에 죽었다. 네 딸만이 살아남아 장성했다. 아들에게 권력을 물려주던 중동의 전통을 고려했을 때 사람들은 무함마드의 가까운 인척에 눈길을 줄 수밖에 없었다. 그가 바로 무함마드의 사촌인 알리다. 알리는 또 초기부터 무함마드를 도와 이슬람을 전파했다. 이에 무함마드는 자신의 딸을 알리와 결혼시켜 사위로 삼았다. 사촌이자 사위인 알리. 누가 보아도 그가 무함마드의 후계자로 가장 유력했다.

그런데 이슬람국가 건설 후 2년도 안 되어 무함마드가 갑자기 세상을 떠났다. 후계자에 대해 아무 말도 남기지 않은 채 말이다. 그러자 무함마드의 동료들이 모여, 무함마드보다 세 살 적었던 아부 바크르를 후계자로 선출했다. 우선 알리가 너무 젊은 것이 문제였다. 당시 알리는 30세였다. 알리의 추종자들은 불쾌했지만 참을 수밖에 없었다. 가부장적 권위주의 사회에서 알리보다 스물일곱 살이나 많은 원로인 아부 바크르의 선출을 공개적으로 비난할 수는 없었다. 그런데 아부 바크르 이후에도 두 번째 후계자로 우마르, 세 번째 후계자로 우스만이 선출됐다. 결국 알리는 무함마드가 세상을 떠난 지 24년 만인, 656년이 되어서야 우스만이 암살당하면서 권력을 차지하게 된다.

알리가 드디어 반란 세력의 강력한 지지를 받고 네 번째 후계자로 선출되었다. 그러나 그가 통치한 5년 동안은 순탄치 않았다. 우마이야 가문 등 적지 않은 세력이 그의 정통성에 문제를 제기했기 때문이다. 알리는 수도를 메디나에서 현재 이라크의 쿠파로 옮겼지만, 그의 통치 기간 내내 내전이 이어졌다. 661년 알리는 쿠파의 모스크에서 새벽 기도를 하던 중 살해당한다. 그리고 우마이야 가문의 지도자 무아위야Muawiyya가 현재 시리아의 다마스쿠스를 수도로 하는 우마이야 왕조를 세운다. 이어 670년에는 알리의 아들 하산Hasan이 독살당하고, 680년에는 또 다른 아들 후세인Hussein이 우마이야 왕조의 정벌대에 의해 이라크의 카르발라Karbala 전투에서 패하고 목숨을 잃었다. 후세인은 참수되어 머리와 몸이 분리되어 다른 곳으로 옮겨졌다. 현재도 시아파들은 후세인의 이 비참한 최후를 기리는 행사에서 자신의 몸을 때리거나 자해하며 피를 흘리는 의식을 행한다.

이렇게 알리 일가가 처참한 최후를 맞이하면서, 알리의 추종자(시아 알리)들은 사우디의 메카와 메디나를 떠나 이라크에 정착한다. 즉, 현재 시아파 최대 국가는 이란이지만 시아파가 정립된 곳은 이라크다. 따라서 이란인들은 이라크의 나자프, 카르발라 등으로 성지 순례를 간다. 시아파는 이슬람 역사 내내 집권 세력에 의해 탄압을 받아왔다. 이들이 이슬람을 창시한 무함마드 가문의 피를 이어받는 정치 세력이라는 점에서, 모든 수니파 정권들은 이들을 배격하고 억압해왔다. 시아파는 1501년 이란의 사파비드Safavid 왕조가 시아파를 국교로 삼을 때까지 소수 종파로서 그리고 '위험한' 정치 집단으로서 소외되고 고통받았다. 현재도 시아파는 전체 이슬람 신자 중 10퍼센트에 불과한 소수파로 남아 있다.

위 이란 수도 테헤란의 오성급 호텔 입구. 히잡을 써달라는 문구가 있다.
왼쪽 가운데 이집트 수도 카이로 이슬람 지역의 무함마드 알리 사원
왼쪽 아래 이란의 시아파 모스크와 거리 풍경
오른쪽 아래 이집트 수도 카이로 이슬람 지역 알-아즈하르 사원. 수니파 이슬람의 최고 권위 대학이자 사원이다.

억압 속에서 탄생한 시아파 성직자

시아파는 7세기 중반부터 16세기 초까지 억압 속에 살아오면서 자신들만의 독특한 정치·종교적 제도를 만든다. 가장 대표적인 것이 성직자인 '아야톨라Ayat Allah'(알라의 말씀 혹은 구절이라는 뜻)와 최고 공동체 지도자인 '이맘Imam'이다. 이처럼 수니파와 시아파의 가장 큰 차이는 성직자의 존재 여부다. 앞서 설명했듯이, 수니파에는 성직자가 존재하지 않는다. 울라마라고 불리는 학자들만이 있다. 일부 학자들이 정부에 고용되어 종교지도자 역할을 수행할 뿐이다.

수니파에서의 이맘은 예배를 인도하기 위해 '앞에 선' 사람을 의미한다. 아랍어로 이맘은 '앞'이라는 뜻이다. 누구나 이맘이 될 수 있다. 그러나 오랜 기간 탄압을 받아온 시아파로서는 강력한 리더십이 필요했다. 이를 위해 성직자 계급을 만들고 이들이 시아파의 정치, 경제 그리고 사회 운용에 관여하는 것을 허용했다. 현재 존재하는 57개 이슬람 국가 중에서 성직자가 대통령 위의 국가 최고지도자로 존재하는 나라는 시아파 국가인 이란뿐이다. 따라서 서방 세계가 말하는 정교일치 혹은 신정일치는 현재 시아파에서만 가능하다고 할 수 있다.

시아파에서는 이맘이 알라에 의해 선택되며 그의 권위와 능력이 혈통으로 이어진다고 믿는다. 따라서 무함마드의 후손들이 통치자가 되었어야 한다고 주장한다. 때문에 시아파는 수니파가 정통성을 가진 후계자라고 인정하는 아부 바크르, 우마르, 우스만을 합법적인 지도자

이라크 북부 키르쿠크의 시아파 성인의 초상화를 파는 가판대. 시아파에서는 초상화를 허용한다.

로 인정하지 않는다. 원로들에 의해 선출되었기 때문이다. 시아파는 오직 무함마드 가문 출신인 알리 그리고 그의 후손만을 적법한 지도자라고 믿는다.

또 시아파는 수니파와 달리 이맘의 신으로부터 부여받은 권능을 믿는다. 따라서 시아파에는 기복신앙이 존재한다. 수니파에서는 우상화를 우려해 무함마드의 성화도 존재하지 않지만, 시아파는 알리와 그의 두 아들 하산과 후세인의 성화를 허용한다. 이외에도 수니파와 시아파는 순례, 단식, 기도 등에 있어 약간의 차이점을 가지고 있다.

수니파와 시아파 비교

구분	수니파	시아파
신앙의 대상	알라	알라
경전	쿠란 하디스 (무함마드 언행록)	쿠란 하디스(무함마드 언행록) 성직자의 가르침
무함마드 후계자 선출	협의 선출	무함마드의 혈통
인정받는 무함마드 후계자	아부 바크르 우마르 우스만 알리	알리
인구 비율	85퍼센트(약 13억 5,000만 명)	15퍼센트(약 2억 5,000만 명)
주요 국가	사우디아라비아 등 대부분의 이슬람 국가	이란, 이라크, 시리아
성직자	없음	있음
종교지도자 복장	국가마다 다름	터번
주요 무장조직	IS	헤즈볼라(레바논)
구세주	없음	있음

공존의 역사를 가진 수니파와 시아파

그러나 이런 차이에도 불구하고 시아파와 수니파는 쿠란과 주요
믿음의 원리들을 공유하고 있다. 예컨대 사우디아라비아 대사와 이란
대사가 서울 이태원에 있는 사원에서 함께 예배를 드리는 모습을 볼
수 있다. 시아파가 종교관이나 교리보다는 무함마드의 후계자 문제를

레바논 수도 베이루트의 한 모스크에서 예배 후 설교하는 시아파 성직자

둘러싼 정치적 이해로 인해 등장한 분파이기에 가능한 것이다.

물론 오랫동안 수니 무슬림으로부터 차별과 억압을 받아왔다는 점에서 시아 무슬림들의 불만은 이어져오고 있고, 또 일부 수니파 학자들은 아직도 시아파를 이단으로 여기고 있다. 그렇지만 시아파가 형성된 초기 혼란 시대를 제외하고는 양측 간의 정치적 반감이 유혈 충돌로 이어진 사례는 역사적으로 거의 없다.

시아파와 수니파의 갈등이 현대에 와서 본격적으로 시작된 이유는 영국이 이라크를 식민통치하면서 양측 간의 갈등을 조장했기 때문이라고 많은 학자들은 말한다. 실제로 2003년 이라크전쟁에서도 미국 등의 다국적군은 수니파와 시아파 간의 갈등을 부추겨 후세인 세력을 제거하려 했다. 이는 이라크가 현재까지 혼란을 겪고 있는 이유 중 하나다.

따라서 이라크에서의 IS 등장, 시리아 내전, 예멘 내전 그리고 사우디-이란 간 외교적 갈등 등의 사태를 시아파와 수니파 간의 분쟁으로 보는 것은 적절치 않다. 이라크 내 IS의 부상과 내부적 혼란은 후세인의 비호하에서 한때 권력의 핵심이었던 세력이 시아파가 주도하는 국가 운영에 불만을 갖고 투쟁하는 것으로 봐야 한다. 또 시리아 내전은 부자가 세습하며 권력을 쥐고 있는 상황에서, 2011년 아랍의 봄에 영향을 받은 민주화 요구를 시아파 중앙정부가 무력으로 진압하고 있는 것에 대한 인구의 80퍼센트를 차지하고 있는 수니파의 저항이자 반발로 봐야 한다. 또한 예멘 내전은 수니파 살리흐 전 대통령의 통치하에서 소외되었던 시아파가 권력을 잡기 위해 무장투쟁을 벌이고 있는 상황에서, 사우디 등 수니파 국가가 이를 막기 위해 군사적으로 개입한 것이 주요 원인이다.

마지막으로 사우디와 이란 간의 외교적 갈등은 경제제재 이후 중동 내 패권국가가 될 가능성이 큰 이란을 견제하기 위한 사우디 등 수니파 국가의 견제로 봐야 한다. 37년 이상 미국과 국제사회의 제재하에서 눌려 있던 이란이 다시 부상하고 있는 상황에서 사우디는 그동안 자신들이 중동 내에서 누렸던 영향력을 유지하기 어려워졌다. 인구, 군사력, 수자원, 제조업 수준 등에서 이란은 사우디의 국력을 크게 능가한다. 사우디는 수니파와 시아파 간 갈등을 고조시킴으로써, 수니파 국가들의 수장 역할이라도 유지하려는 전략을 선택한 것이다. 다시 한번 말하지만 현재 중동에서 벌어지는 수니파와 시아파의 갈등은 종교 갈등이 아니라 패권 경쟁이다.

이스라엘-팔레스타인 분쟁, 해결 불가능할까?

1948년 이스라엘의 건국으로 시작된 이스라엘과 팔레스타인 및 아랍 사이의 갈등. 이는 현재까지 진행되고 있는 세계에서 가장 오래된 분쟁이다. 국제사회의 대표적인 고질적 분쟁protracted conflict 혹은 만성화된 분쟁이다. 이에 대해 대부분의 전문가들은 '해결이 어렵거나 불가능하다'라는 반응이다.

2015년 3월에 실시된 이스라엘 총선에서도 보수파 집권 리쿠드당이 압승을 거두면서 갈등 상황은 바뀌지 않았다. 총선 이후 강경파 베냐민 네타냐후Benjamin Netanyahu 총리가 주도하는 연립정부가 재출범했다. 네타냐후 총리는 1993년 이-팔 간 오슬로평화협정에 규정된 두 국가 해법two-states solution에 반대하는 인물이다. 총선 직전 그는 두 국가 해법을 포기하겠다는 발언도 했다.

지난 수년간 국제사회는 팔레스타인을 국가로 인정하려는 움직임을 보이고 있다. 먼저 2012년 11월 유엔총회가 팔레스타인을 표결권 없는 옵서버 단체observer entity에서 옵서버 국가observer state로 격상하는 결의안을 통과시켰다. 사실상 독립국가로 인정된 것이다. 이어 2014년 10월 스웨덴과 2015년 5월 바티칸이 팔레스타인을 국가로 인정했고, 영국과 프랑스 의회도 팔레스타인을 주권국가 지위로 인정했다. 2016년 초 기준으로 유엔 회원국 중 136개국이 팔레스타인을 공식 국가로 인정하고 있다. 이에 따라 이스라엘은 더욱 강경한 입장으로 돌아서고 있는 상황이다.

불법점령을 영구화하는 이스라엘

이스라엘은 전쟁으로 점유한 불법점령지들을 영구적으로 영토화하는 정책을 지속적으로 추진해왔다. 대표적인 것이 정착촌 건설이다. 이스라엘은 1967년 제3차 중동전쟁으로 장악한 요르단 강 서안 지역과 동예루살렘에 정착촌을 건설해왔다. 2016년 초 기준으로 100여 개 마을을 건설했다. 2016년 3월 이스라엘 내무부의 집계에 따르면 동예루살렘을 제외한 요르단 강 서안 지역에 거주하는 유대인의 수는 약 40만 명이다. 이스라엘은 팔레스타인 지역과 완전히 분리하려는 목적으로 800킬로미터에 달하는 장벽도 건설했다. 수도도 텔아비브에서 예루살렘으로 옮겼다.

이스라엘이 쌓아놓은 분리장벽의 모습과 그 구멍으로 드나드는 팔레스타인인들

　　이스라엘의 이 같은 행보는 결국 동예루살렘을 수도로 한 독립국가 건설을 원하는 팔레스타인과 계속 충돌할 수밖에 없다. 먼저 이스라엘이 불법점령지에 정착촌을 건설하는 것은 국제법 위반이다. 팔레스타인이 지속적으로 정착촌 건설 중단 및 철수를 요구하고 있지만, 이스라엘은 이를 거부하고 추가적인 정착촌 건설에 나서고 있다. 더불어 막강한 자본력을 동원해 팔레스타인 주민 거주 지역을 계속 매입해 나가고 있다. 국제사회의 무관심 가운데 이스라엘은 영토를 합법적 혹은 불법적으로 점차 확대해나가고 있는 것이다.

감옥으로 변한 가자지구

　　가자지구 Gaza Strip 의 상황은 더욱 심각하다. '지구상 가장 거대한 감옥'으로 자주 묘사된다. 팔레스타인 서부 지중해변을 따라 긴 띠 모양을 하고 있는 가자지구는 면적 360제곱킬로미터의 작은 지역이다. 이곳에 약 150만 명의 팔레스타인 난민들이 비좁게 살고 있다. 가자지구는 1948년 이스라엘이 국가를 선포하면서 이집트의 관할통치를 받다가, 1967년 제3차 중동전쟁으로 이스라엘에 의해 점령됐다. 1994년 팔레스타인자치정부가 들어서면서 팔레스타인 지역으로 편입됐지만, 이스라엘은 2005년이 되어서야 완전히 철수했다.

문제는 이후에 발생했다. 2007년 6월 무장 정파 하마스가 온건 정파인 파타Fatah를 몰아내고 가자지구의 주도권을 장악하면서다. 이에

왼쪽 위 팔레스타인 가자지구의 무장단체 하마스의 무력 시위 모습
오른쪽 위 팔레스타인 라말라 자치지구에 있는 야세르 아라파트 전 팔레스타인자치정부 수반의 묘역
왼쪽 아래 팔레스타인 가자지구 주변을 둘러싸고 있는 이스라엘 탱크부대
오른쪽 아래 팔레스타인 가자지구의 이스라엘 검문소

대해 하마스를 테러단체로 규정하고 있는 이스라엘은 가자지구의 모든 육지와 해상 출입로를 봉쇄하고 하마스 고사枯死 작전에 들어갔다. 2008년 12월에는 이스라엘이 대규모 군사 작전을 감행해 팔레스타인인 1,400여 명이 죽고 건물이 초토화되는 사태가 벌어졌다.

이후에도 거의 매년 이스라엘은 가자지구에 대한 군사 작전을 펼쳐왔다. 그동안 수천 명의 팔레스타인인들이 목숨을 잃고, 주요 시설과 가옥들이 파괴되었다. 이어지는 봉쇄 작전과 대규모 군사 작전으로 가자지구에는 비인도적 재앙이 발생하고 있다. 전력과 수돗물이 제대로 공급되지 않고 있고, 주민들은 식량은 물론 약품 등도 제대로 구입할 수 없다. 교육, 의료 등 기본 서비스조차도 심각한 상황에 처해 있다. 그런데도 이스라엘은 하마스가 군사시설을 만들 수 있다는 이유로 재건 물자의 조달조차 차단하고 있다.

이스라엘의 또 다른 불법점령지 골란고원

이스라엘의 불법점령지는 시리아에도 있다. 바로 골란고원Golan Height이다. 시리아 남서부에 있는 구릉지로, 평균 해발고도가 1,000미터 정도다. 2,814미터의 헤르몬Hermon산에서 눈 녹은 물이 흘러와 초원을 이루는 곳으로, 채소, 과일, 밀이 재배된다. 이스라엘은 1967년 전쟁을 일으켜 이곳을 점령하고, 유대인 정착촌을 30개나 건설했다. 시리아 정부는 이스라엘에 영토 반환을 요구하고 있지만, 이스라엘은 이를 계속 거부하며 1981년에는 일방적으로 이곳을 자국 영토에 병합해 버렸다. 현재 갈릴리 호수 등 이스라엘 최대 수자원 공급지의 물이 모두 골란고원에서 흘러내려오기 때문이다.

이스라엘-팔레스타인 평화협상에서도 골란고원은 논의조차 되지 않고 있다. 이스라엘은 골란고원을 시리아와 해결할 사안이라며 의도적으로 의제에서 배제시키고 있다. 이들은 또 미국과 더불어 국제사회에서 시리아를 '악의 축'으로 몰아 시리아의 반환 요구를 묵살하고 있다. 그러면서 시리아와의 '완충지대'로서 골란고원 점령이 필요하다는 명분을 내세우고 있다.

2011년 3월 이후 진행 중인 시리아 내전이 장기화되는 이유 중 하나도 골란고원 때문이다. 이스라엘과 미국은 현재의 시리아 권위주의 정권이 유지되기를 은근히 바라고 있다. 권위주의 정권이 무너지고 자유롭고 공정한 선거를 통해 등장한 새 정부가 골란고원 반환을 요구하면, 거부할 명분이 사라지기 때문이다. 이스라엘은 쉽게 골란고원을 반환하려 하지 않을 것이다.

미국의 맹목적 이스라엘 지지

중동을 연구하는 어느 학자에게 물어봐도 이스라엘의 이 같은 거만하고 독자적인 행보의 배후에는 미국의 맹목적인 지지가 있다고 말한다. 미국의 이스라엘 지지 배경에는 우선 미국 내 강력한 유대인 로비 세력의 존재가 있다. 그동안 미국은 이스라엘이 행한 군사적 도발, 비인권적 정책, 주변국과의 마찰 등에도 불구하고, 유엔 안전보장이사회 및 총회 결의에서 이스라엘을 감싸고돌았다. 미국은 지난 40여 년간 단 한 번도 이스라엘에 불리한 유엔 안보리 혹은 유엔 총회 결의안에 찬성표를 던진 적이 없었다. 미국 내 언론, 학계, 재계는 물론 정계에서 막대한 영향력을 행사하는 유대인 로비 세력의 힘이다. '반反이스라엘 정서를 가진 사람은 시의원에도 당선되기 어렵다'는 말이 있을 정도다. 미국에서 대통령 선거가 있을 때마다 후보들이 이스라엘을 방문해 친이스라엘 발언을 하는 이유도 여기에 있다.

그러나 로비 세력의 존재가 미국과 이스라엘의 '맹목적' 동맹관계를 모두 설명하지는 않는다. 미국 내에서도 현재의 긴장 상태를 계속 바라는 이들이 있다. 바로 군수산업 관련 로비 세력과 이들의 배후에 있는 기업인과 정치인 들이다. 이들은 중동이 계속 '화약고'로 남아 있기를 바란다. 중동은 엄청난 오일머니를 바탕으로 한 세계 최대 '무기 구매력'을 가지고 있다. 군수산업 관련자들에게는 중동이 최대 시장이다. 긴장, 불안, 갈등 그리고 궁극적으로는 전쟁이 이들에게는 '군수 물자 수요'를 유지할 수 있는 중요한 변수다. 이-팔 분쟁은 중동의 무기 수요를 유지시켜주는 '기본적 긴장요소'다.

중동에 분쟁과 전쟁이 끊이지 않는 이유 그리고 이-팔 분쟁이

70년 가까이 해결되지 않는 이유도 여기에 있다. 현재 미국 무기의 최대 수입 국가는 사우디아라비아다. 미국 군수산업 관련자들에게는 최대 고객이 있는 중동에 평화가 정착돼서는 안 되는 것이다.

이-팔 분쟁, 정말 해결이 어려울까?

이-팔 분쟁의 해결을 놓고 그동안 많은 노력이 이어져왔다. 1993년 오슬로평화협정이 그 대표적인 결과물이다. 1993년 오슬로평화협정을 통해 이스라엘과 팔레스타인 그리고 미국을 포함한 국제사회는 팔레스타인 독립국가 건설에 합의했다. 그 결과 팔레스타인자치정부가 요르단 강 서안 라말라Ramalah에 들어섰다.

그러나 이후의 최종 협상은 난항을 겪고 있다. 이에 대해 이스라엘은 여러 사안에서 합의점을 찾기 어렵다고 주장한다. 난민 귀환, 정착촌 철수, 1967년 전쟁으로 이스라엘이 점령한 동예루살렘의 지위, 수자원 분배, 테러 방지 등의 사안에서 팔레스타인과 이견이 좁혀지지 않고 있다는 것이다.

그러나 이런 주장은 현재 상황을 고착화하기 위한 이스라엘의 전략일 뿐이다. 이들은 이-팔 분쟁 해결이 어렵다고 강조하면서 정착촌을 계속 건설하고 있는 것이다. 네타냐후 이스라엘 총리는 '두 국가 해법'으로 한번에 팔레스타인 독립국가를 인정하기보다는 점진적인 방안을 제시하고 있다. 이른바 '경제평화론economic peace'이다. 아랍 및 팔레스타인인들의 경제 인프라를 확충하고, 경제 개발을 지원하고, 결과적으로 삶의 질을 높임으로써 자연스럽게 평화 구축으로 이어지게 한다는 기능주의적 접근이다.

이스라엘은 '복잡한 사안이 많다', '오랜 시간이 필요하다'는 등의 주장을 펴고 있다. 문제는 국제사회와 세계 언론도 이런 이스라엘의 담론에 끌려가고 있다는 것이다. 국제사회는 이스라엘이 '남의 땅'을 불법점령하고, 불법시설인 정착촌을 짓고 있는 모습을 지켜만 보고 있다. 세계 초강대국 미국이 묵인하고 있으니 나서는 나라도 없다.

또한 국제사회는 이-팔 분쟁에 대해 이미 해결방안이 제시되어 있다는 점을 자주 망각한다. 유엔 안전보장이사회는 이미 두 차례 결의안을 통해 이스라엘의 불법점령지 철수를 결의했다. 1967년 242호와 1973년 338호 유엔 안보리 결의안을 통해서다. 이스라엘이 강점한 국제법상 불법점령 지역에 대한 결의안이다. 쉽게 말해 유엔 안보리 결의안을 이행하면 이-팔 분쟁은 해결된다. 이스라엘과 아랍의 갈등은 본질적으로 영토 분쟁이기 때문이다.

따라서 이스라엘이 점령지에서 철수해 영토 문제가 해결된다면 이-팔 분쟁은 종식될 것이다. 대다수 아랍 이슬람 국가들은 이-팔 분쟁의 외교적 해결에 동의하고 있다. 아랍 국가들은 1993년 오슬로평화협정에서 도출된 '두 국가 해법'에 대해서도 지지하고 있다.

대표적인 사례가 2002년 3월 레바논에서 개최된 아랍연맹 정상

회담에서 사우디아라비아가 제시한 이스라엘과의 평화구상이다. 당시 사우디 국왕이었던 압둘라 빈 압둘아지즈Abdullah bin Abd al-Aziz의 이름을 따 '압둘라 구상Abdullah Initiative'이라고도 불리는 이 안건에 대해, 22개 아랍 정상 모두가 만장일치로 승인했다. 이 제안의 골자는 이스라엘이 1967년 전쟁 이전의 국경으로 철수하고 요르단 강 서안과 가자지구에 팔레스타인 국가가 설립되면, 모든 아랍 국가가 이스라엘과 외교관계를 정상화한다는 것이었다. 하지만 이 압둘라 구상도 실현되지 않고 오슬로평화협정도 와해되는 분위기 속에서 현재 이란과 시리아 등 일부 중동 국가는 하마스, 헤즈볼라 등 반이스라엘 과격 세력을 지원하고 있는 것이 현실이다.

이란 핵협상과
사우디·이스라엘의 반발

지난 2015년 4월 이란과 미국 등 주요 6개국의 핵협상이 타결된 바 있다. 2013년 11월 1차 협상에 이은 2차 협상이었다. 이란이 추가적인 핵개발 활동을 중단하고, 이에 대한 검증이 완료되면 국제사회가 이란에 대한 경제제재를 해제한다는 데 서방과 이란이 합의한 것이다. 그리고 마침내 2016년 1월 이란에 대한 서방의 제재가 대부분 풀렸다. 이로써 1979년 이슬람혁명 이후 미국 등의 서방과 각을 세웠던 이란이 국제사회의 정상적인 일원으로 복귀하고 있다.

반면 이란과의 핵협상이 타결될 때마다 사우디아라비아 등의 아랍권과 이스라엘은 크게 반발해왔다. 2015년 2차 핵협상이 타결된 직후 베냐민 네타냐후 이스라엘 총리는 '정말 나쁜 협상'이라며 '이란의 핵무기 개발을 부추기는 역사적 실수'라고 강조했다. 사우디아라비아는 2013년 1차 핵협상 타결 당시, 미국이 오만에서 이란과 비밀협상을

핵 협상 후 경제 개방을 기대하는
이란 경제인들의 모습

진행한 것에 대해 격분했다. 20년 넘게 주미 대사를 지냈던 반다르 빈
술탄Bandar bin Sultan 왕자는 '사우디도 중국 및 러시아와 안보협력에 나
설 수 있다'며 미국을 압박했다.

　이처럼 서방과 이란의 핵협상은 단순히 핵 위협을 제거해 평화로
운 중동을 만들겠다는 구상이 아니다. 중동에 새로운 질서를 만들겠다
는 서방의 복안이 담겨 있다. 이에 대해 기존의 정치질서를 유지하려
는 일부 국가들의 반발이 거세다.

오바마 행정부, 왜 이란과 화해하는가?

1979년 이슬람혁명 이후 미국은 큰 충격에 빠졌다. 중동 내 가장 중요한 경제적·안보적 거점이었던 우방 이란이 반미 국가로 돌아섰기 때문이다. 당시 미국에게 이란은 사우디아라비아보다 더 중요한 나라였다. 단순히 석유 자원 때문만이 아니다. 이란은 중동에서 소련의 남하를 막는 전초기지 역할을 했었다. 그러나 이슬람혁명 직후 이란 테헤란 주재 미국 대사관이 시위대에 의해 점령되고 해당 직원들이 444일 동안 억류된 일이 벌어진 것이다. 이들을 구출하기 위해 보낸 헬기는 추락하고 특수부대 작전은 모두 실패로 돌아갔다.

이후 미국인들의 뇌리에 이란은 가장 증오스러운 국가로 남았다. 1979년 이후 미국의 어떤 대통령도 이란과 대화조차 나누지 않았다. 그런데 버락 오바마 행정부가 2013년부터 이란과 핵협상을 본격적으로 추진한 것이다. 이스라엘의 반대에도 말이다. 오바마 행정부의 이런 움직임은 미국의 대외 관계에서 가장 중요한 두 가지

이란 수도 테헤란 시내 건물 벽의 반미 포스터

금기사항, 즉 반이란, 친이스라엘 정책을 역행하는 것이었다.

오바마 대통령은 조지 W. 부시 대통령의 일방주의적 외교노선을 탈피, 무력보다는 대화와 타협의 다자주의 노선을 걸어왔다. 2001년 아프가니스탄전쟁, 2003년 이라크전쟁으로 발생한 미군의 인명 피해는 물론 군비로 인한 재정적 부담에서 벗어나겠다는 것도 오바마 행정부의 대對중동 전략의 한 틀이었다. 군대를 중동에서 철수해 아시아로 이동시키는 아시아중심전략Pivot to Asia도 그 연장선에서 등장했다. 오바마 행정부는 군사적 옵션보다는 정치과정political process을 통한 선정good governance으로 중동을 안정시키겠다는 새 전략을 추진해왔다. 오바마 행정부는 시아파인 시리아의 알-아사드 정권의 퇴진 그리고 시아파인 이라크 중앙정부의 안정화를 위해서, 또 종파 갈등과 극단주의세력을 근절시키기 위해서, 시리아와 이라크를 설득할 만한 영향력을 발휘할 수 있는 역내 행위자가 이란뿐이라는 점을 잘 인식하고 있었다.

추가적 옵션의 부재

오바마 행정부가 이란과 핵협상을 추진하는 또 다른 이유는 더 이상 가동할 옵션이 마땅치 않기 때문이었다. 사실상 할 수 있는 제재조치가 이미 다 투입된 것이다. 이미 이란은 세 가지 제재하에 있었다. 이란에서 1979년 이슬람혁명 이후 시위대에 의해 테헤란 주재 미국 대사관이 점거되고 직원들이 444일 동안 인질로 잡히는 사건이 발생하고 반미 이슬람 신정 체제가 들어서면서, 미국은 첫 번째로 이란에 대한 경제제재를 시작했다. 2016년 1월 16일 국제사회가 이란에 대한 제재를 대부분 해제했지만 미국은 아직도 대이란 제재를 풀지 않고 있다. 두 번째 제재는 2006년 이후 유엔 안전보장이사회가 네 차례에 걸쳐 결의안을 통해 가한 경제제재였다. 2002년 이란의 반정부 단체가 이란 내 핵개발 의혹을 폭로한 것이 그 계기가 됐다. 국제사회는 이란의 핵무기 개발을 막기 위해 유엔을 통해 경제제재를 가했다.

마지막으로 2011년부터 시작된 각국의 이란 정부에 대한 독자적 제재다. 오바마 대통령은 유엔 안보리 제재가 실질적인 효과를 거두지 못하자 유럽과 한국, 일본 등 아시아의 우방들을 설득해 각국 정부가 이란 정부와 기업에 독자적인 제재를 가하도록 만들었다. 이어 2012년부터는 석유 수출입 금지 조치까지 더해졌다. 이제 남은 것은 군사적 조치밖에 없었다. 하지만 오바마 대통령은 부시 행정부와는 달리 군사적인 접근을 선호하지 않았다. 결국 협상을 통한 외교적 해결이 유일한 방법이었다.

문제는 이와 같은 답보 상태가 장기회되면 미국의 대중동 영향력, 더 나아가 국제정치 역학구도가 바뀔 수도 있는 상황이었다는 것이다. 이미 미국 주도의 다양한 제재가 진행되었지만 궁극적으로 이란이 핵개발을 포기하도록 하는 효과를 거두지는 못했다. 특히, 중국, 러시아 등이 동참하지 않으면서 제재의 효과는 제한적이었다. 유엔 차원의 고 강도 제재와 군사적 조치도 러시아와 중국의 거부권으로 성사될 가능성이 거의 없었다.

이런 상황에서 중국은 '어부지리'로 한국과 일본, 유럽이 철수한 이란 시장을 독식하고 있었다. '이란의 중국화Chinization of Iran'라는 말이 나올 정도였다. 이란의 상점을 중국 제품이 장악하고 있는 것은 물론, 이란의 산업시설에 투자하고 있는 유일한 나라도 사실상 중국뿐이었다. 오바마 행정부는 이 같은 중국과 이란의 밀월관계가 장기화될 경우, 미국이 중동 지역에서의 이권을 상당 부분 잃게 될 것이라는 점을 잘 알고 있었다.

이란은 21세기 가장 중요한 에너지 대국이다. 현재 세계에서 가장 많은 에너지원을 생산하고 있는 곳은 걸프 지역이며, 차세대 에너지 보고는 카스피 해다. 두 지역에 다 접근할 수 있는 나라는 이란이 유일하다. 이런 이란이 중국과 정치·경제적 혈맹이 된다면 미국에게는 큰 손실이다. 미국 입장에서는 중국과 이란의 관계에 쉽게 개입할 수도 없었다.

아랍권과 이스라엘의 고민

이란과 미국 등 서방의 핵협상은 중동의 기존 강국들에게 근심거리가 아닐 수 없다. 이들은 이란이 국제사회의 정상적 일원으로 돌아오는 것을 두려워하고 있다. 사우디아라비아 등 주변 아랍국과 이스라엘은 그동안 이란이 핵무기를 만들 것이라고 야단법석을 떨었다. 하지만 이는 이란 옥죄기 전략일 뿐이었다. 이란 핵문제는 북한의 그것과 다르다. 이란은 단 한 차례도 핵무기 개발을 언급한 적이 없다. 이란의 최고종교지도자와 대통령은 모두 자국 내 제조업 투자를 위한 외화를 확보하기 위해 '평화적인' 원자력발전을 하겠다고 시종일관 말해왔다. 원자력발전을 통해 더 많은 원유를 수출하고 이를 통해 확보한 재원을 제조업에 투자하겠다는 것이었다. 최고종교지도자는 '핵무기 생산 및 보유는 이슬람 정신에 어긋난다'는 종교적 해석도 내렸다.

　　사실 아랍 국가와 이스라엘이 두려워하는 것은 이란이 가진 잠재력이다. 경제제재가 해제되면 이란이 중동 내 패권국가로 부상할 것이 거의 확실시되기 때문이다. 이란은 세계 2위의 석유 및 가스 매장량을 가지고 있다. 이외에도 구리, 철광석, 아연 등의 자원이 풍부한 나라다. 이란은 인구도 8,000만 이상으로 거대한 시장이다. 그에 반해 걸프협력회의Gulf Cooperation Council, GCC 6개국의 전체 인구는 약 5,200만이다. 중앙아시아와 주변 중동 국가라는 거대한 배후시장도 가지고 있다. 수자원도 다른 중동 국가에 비해 풍부해 식량 자급자족이 가능한 나라다. 군사적으로도 터키와 이스라엘에 이어 중동 내 세 번째 군사대국이다. 정규군 40만, 공화국수비대 12만과 더불어 100만 이상의 예비군이 있다. 또 전투기와 잠수함을 조립하여 배치하고 있으며 중장거리 미사일을 다수 보유하고 있다.

이란의 국제사회 복귀와 영향력 확대는 향후 중동의 정치질서를 크게 바꿀 것이다. 이미 전초전과 같은 상황이 벌어지고 있다. 중동 여러 나라의 내부적·정치적 혼란과 충돌 그리고 큰 틀에서도 중동이 급변하고 있다. 이집트 정권이 붕괴하고 정치적 혼란을 겪는 상황에서 이란이 서방과 핵협상을 타결하면서, 이집트와 사우디 중심의 중동 패권이 이란과 터키 주도로 옮겨가고 있다. 이런 상황에서 최근 중동 정세를 '시아파 초승달 vs. 수니파 초승달'로 비교하는 분석이 자주 나오고 있다.

먼저 '시아파 초승달'은 2003년 이라크전쟁으로 사담 후세인 수니파 정권이 붕괴하면서 등장한 용어다. 이라크는 인구의 65퍼센트를 차지하는 시아파가 자유롭고 공정한 선거를 통해 집권하고 있다. 그리하여 이란을 축으로 서쪽으로 이라크, 시리아 그리고 레바논 시아파 국가들이 연결된 것이다. 남쪽으로는 바레인, 사우디 동부, 오만 등에서 시아파가 다수 거주하고 있다. 이에 맞서는 '수니파 초승달'은 터키에서 시작되어 요르단을 거쳐 사우디아라비아 등 걸프 지역 아랍 국가가 연결된 것이다.

그 교차로에 있는 나라가 바로 시리아다. 시리아 정권은 시아파의 일파인 알라위파로 인구의 13퍼센트에 지나지 않는다. 반면 인구의 70퍼센트 이상이 수니파다. 시리아 내전이 어떻게 귀결되는가에 따라 중동의 정세는 크게 요동칠 것이다. 시리아의 바샤르 알-아사드 시

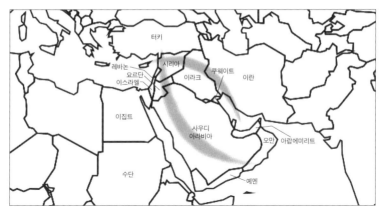

시아파 초승달(윗부분), 수니파 초승달(아랫부분)

아파 정권이 붕괴하면 수니파 초승달의 핵심 역할을 하고 있는 터키와 사우디아라비아의 영향력이 강화될 것이다.

사우디아라비아가 2015년 4월 예멘의 시아파 후티 반군에 대한 공습을 전격적으로 시작한 것도 이런 맥락에서 분석할 수 있다. 정치적 혼란 속에서 예멘 북부의 시아파 반군이 수도를 장악하고 남진하고 있어, 예멘에 시아파 정권이 들어서게 될 가능성이 커지고 있기 때문이다. 사우디 정부는 또 이란에 후티 반군에 대한 지원을 중단하라고 압박하고 있다. 이란은 예멘 인구의 약 45퍼센트를 차지하고 있는 시아파를 정치적으로 후원해왔다. 특히 2011년 아랍의 봄 이후 수니파 살리흐 정권이 무너진 이후에는 시아파 후티 반군의 무장과 군사 작전을 지원하고 있다. 이처럼 이란의 중동 내 패권국가 부상을 놓고 이미 중동에는 치열한 신경전과 물리적 충돌이 발생하고 있다.

3장

**변화하는
중동의 오늘**

중동은
석유, 사막, 테러?

흔히 중동이라 하면 낭만적인 금빛 모래로 이루어진 사막의 모래 언덕에 석양의 긴 그림자를 드리우며 낙타를 타고 가는 유목민의 모습을 떠올린다. 수통의 물 한 방울을 확인하고 갈증에 마른 입술을 비벼보며 야자수 무성한 오아시스로 향하는 베두인과 서방의 여행객도 생각난다.

영화 〈아라비아의 로렌스〉 등 중동을 배경으로 하는 영화에 자주 나오는 장면이다. 그러나 중동은 강렬한 태양 아래 끝없는 사막만이 존재하는 지역이 아니다. 중동이 이처럼 폭력, 석유, 사막 등의 획일적인 이미지로 비치는 이유는 무지, 무관심, 몰이해로 설명될 수 있다. 구체적인 내용과 현실을 잘 파악하지 못하고 겉모습과 지나치게 일반화된 이미지만 기억하고 있기 때문이다. 획일화된 시각으로는 중동의 본모습을 파악할 수 없다. 중동은 우리의 생각보다 다양한 모습을 가지고 있다.

열사의 땅, 석유가 전부는 아니다

인류 최고最古의 도시문명인 메소포타미아문명과 최고最古의 중앙집권국가인 이집트의 파라오문명, 모두 강 유역의 농경 정착문명이다. 또 건조한 사막 기후가 주를 이루지만 다양한 기후가 있어 이란, 레바논, 시리아, 요르단, 이라크, 터키 등에서는 겨울에 눈이 많이 내린다. 레바논, 모로코, 알제리, 이란 등지에서는 매년 겨울에 스키장이 문을 열고, 사우디에서는 겨울에 동사 사고도 발생하곤 한다.

원유 수출로 벌어들인 막대한 부로 사치를 누리는 아라비아 왕자들의 거만한 태도도 종종 기삿거리가 되곤 하지만, 석유 등 천연자원으로 잘사는 나라는 전체 중동 국가 중 3분의 1도 되지 않는다. 혜택을 받은 산유국과 그렇지 않은 비산유국 간의 생활수준 차이가 크다. 카타르의 1인당 GDP는 2015년 기준 8만 달러 이상이지만, 수단과 예멘의 경우 1,000달러도 되지 않는다.

흔히 중동이라고 하면 전쟁과 테러, 폭력적인 것들을 떠올린다. 덥수룩한 턱수염에 무서운 인상을 한 테러리스트라 불리는 이슬람주의자가 중동인을 상징하기도 한다. 답답한 터번과 히잡을 쓰고 단체로 엎드려 예배드리는 사람들의 모습도 각종 매체를 통해 끊임없이 흘러나 온다. 하지만 테러리즘과 엄격한 종교로 알려진 이슬람이 중동 전체를 대표할 수는 없다. 예컨대 사우디에서는 예배시간에 상점과 식당이 문을 닫지만, 대부분의 다른 아랍 국가들에서는 예배시간에도 영업을 하고 모스크로 가지 않는 사람도 부지기수다. 또 전체 57개 이슬람 국가 중에 술을 생산하는 나라가 3분의 2를 넘는다.

다양한 국가들의 모임, 중동

중동은 다양한 국가가 존재하는 곳이다. 아랍, 페르시아, 베르베르, 쿠르드, 튀르크 등 여러 민족이 살고 있고, 이슬람, 가톨릭, 개신교, 유대교 등 여러 종교를 믿는다. 서구화를 지향하는 개방적인 사람들

각각 히잡과 니캅을 쓴 자매의 모습

과 이슬람과 유목문화의 전통을 지키려는 사람들이 공존한다. 정치적으로도 공화정, 입헌군주제, 절대군주제 등이 존재해 때로는 대립하고 충돌하기도 한다. 변화의 물결이 일고 있는 최근에는 다양성이 더욱 커지고 있는 격동의 무대다.

이 같은 다양성은 여러 부분에서 나타난다. 여성들의 복장도 크게 다르다. 눈만 내놓고 온몸을 검은 천으로 가린 니깝은 일부 국가에서만 나타난다. 사우디아라비아, 예멘, 오만, 쿠웨이트, 이라크, 리비아 등 일부 보수적인 국가에서 볼 수 있다. 하지만 이들 나라에서도 사우디를 제외하고는 최근 얼굴을 내놓는 두건을 착용한 여성들을 많이 볼 수 있다.

얼굴은 드러내고 머리와 목을 가리는 형태의 두건은 히잡이라 불린다. 어느 정도는 개방된 국가에서 볼 수 있는 여성 두건 형태다. 위에서 말한 보수적인 나라를 제외하고는 대부분 아랍 국가에서 쉽게 볼 수 있다. 최근에는 머리와 얼굴에 아무런 두건을 하지 않은 여성들도 흔히 볼 수 있는데, 주로 북아프리카의 아랍 국가들과 레바논, 시리아, 요르단 등 개방적인 분위기를 가진 국가들이다. 중동 진출을 염두할 때 이런 다양성에 대한 이해는 필수다.

극과 극, 이집트와 사우디아라비아

중동에는 국가별로 현저히 다른 정치 체제, 경제구조, 개방 정도 등이 나타난다. 걸프의 산유국은 모두 왕정 국가지만 아랍 국가의 절반 정도는 공화제다. 산유국들은 석유에 의존하는 경제구조지만 나머지 비산유국들은 농업, 관광 등이 주 수입원이다. 그런가 하면 두바이의 경우에는 술집과 나이트클럽이 가득한데, 이 때문에 지나치게 개방적인 경제 체제를 추구한다고 인근 왕정 국가들로부터 지탄을 받기도 한다.

이런 다양성에 대한 실례로서, 이집트와 사우디아라비아를 비교해보겠다. 두 나라 모두 아랍, 중동, 이슬람 국가다. 이집트는 아랍의 최대 정치·문화 대국이고, 사우디는 아랍의 최대 경제 및 산유국으로, 둘은 이 지역의 중심 국가들이다.

먼저 정치적으로 사우디아라비아는 세습절대군주제다. 왕정 체제라고도 불린다. 사우디의 지배 세력은 알 사우드Al Saud 가문으로, 이 가문의 이름이 국호가 되었다. 사우디는 유목문화의 전통적인 지배가문 세습제도를 따르고 있다. 1932년 압둘 아지즈 이븐 사우드Abdul Aziz Ibn Saud가 나즈드Najd 및 히자즈Hijaz 지역을 통합해 사우디아라비아 왕국의 건국을 선포했다. 1953년 압둘 아지즈의 사망 이후 그 유언에 따라 형제 간에 왕위를 계승하고 있다.

반면 이집트는 공화정이다. 우리와 비슷하다. 민주화 정도는 우리

왼쪽 위 이집트의 체포되어 수감된 정치지도자들을 조롱하는 화보
오른쪽 위 사우디의 한 전시장에 붙어 있는 국왕 사진
왼쪽 아래 이집트의 대학생들
오른쪽 아래 사우디의 대학생들

보다 낮지만 국민에 의해 대통령과 의회 구성원이 선출된다. 삼권분립도 명확히 되어 있다. 사실 우리보다 훨씬 앞선 20세기 초 의회 선거를 치렀다.

　사회적으로 볼 때 사우디는 아랍에서도 가장 보수적인 나라다. 여성에게 운전조차 허용하지 않고 있다. 유목문화의 가부장적 권위주의와 이슬람 때문이다. 특히 이슬람을 정치적으로 이용하면서 이슬람법을 통해 사회를 통제하고 있다.

반면 이집트는 비교적 개방적인 국가다. 지방에는 보수적인 지역도 존재하지만 대도시에서는 상당히 개방적인 성향이 강하다. 1970년대 이후 경제 상황이 악화하면서 이슬람화, 보수화되는 경향이 강해지는 분위기이지만, 1960년대 제작된 흑백 드라마 같은 것을 보면 미니스커트를 입은 금발의 여성들이 자주 등장한다. 피라미드로 향하는 거리에는 술집도 즐비했었다. 물론 이에 대한 이슬람주의 과격 세력의 공격과 비난이 거세지면서 최근에는 술집이 상당히 감소했다. 또 이집트에서는 여성의 사회활동에 큰 제약이 없다. 오히려 1960년대부터 추진된 정부의 사회주의 정책에 따라 여성의 사회활동이 적극 장려되었다. 현재 이집트의 여성 공무원 수는 약 150만에 달해 우리나라의 여성 공무원 수보다도 훨씬 많다. 이런 모든 정치·사회적 상황들이 경제에 영향을 준다.

경제적으로 봐도 두 나라는 크게 다르다. 사우디 경제의 특징은 한마디로 '석유 의존형'이다. 석유와 가스가 주를 이루는 광업이 전체 GDP의 약 47퍼센트를 차지한다. 제조업 비중은 10퍼센트 정도다. 이마저도 상당 부분 석유화학산업에 의존하고 있다. 석유가 없으면 무너지는 나라다.

반면 이집트의 경제는 '서비스 산업 주도형'이다. 2014~15년 회

위 사우디 리야드 시내의
파이살리야 타워
아래 이집트의 마차

계연도 기준으로 전체 GDP에서 서비스업의 비중이 51.2퍼센트, 제조업과 농업의 비중이 각각 32.4퍼센트, 16.4퍼센트를 기록하고 있다. 서비스업에서 가장 중요한 분야는 단연 관광산업이다. 그러나 인구가 9,000만 명을 넘어서면서 이집트의 1인당 GDP는 2015년 기준으로 약 2,500달러 수준이다. 사우디의 1인당 GDP는 약 2만 5,000달러다. 두 나라는 경제구조 및 소득수준에 있어서 완전히 다른 나라다.

국가별 진출 전략 마련해야

사우디아라비아와 이집트 사이에는 공통적인 부분도 있다. 두 나라 모두 아랍 문화의 가장 대표적 요소인 아랍어를 사용하고, 인구의 절대다수가 이슬람을 믿고 있다는 점이다. 그러나 사우디아라비아와 이집트 간의 차이는 우리나라와 필리핀의 차이보다 더 크다고 할 수도 있다.

따라서 중동과 이슬람 지역이 단일체monolithic로 묘사되어서는 안 된다. 아랍 국가의 경우 아랍어와 이슬람이라는 공통분모가 존재하기는 하지만 나라마다 큰 차이점이 있다. 중동을 바라볼 때 지나친 일반화는 상당한 오류를 범할 수 있다. 과거처럼 '대중동 전략' 같은 타이틀로 중동을 연구하거나 중동 시장 진출 전략을 짜서는 안 된다. 이제는

국가별로 진출 전략을 수립해야 효과적이고 성공적인 문화 협력 및 비
즈니스를 할 수 있다.

검은 황금
석유의 정치·경제학

석유는 중동에 주어진 '알라의 축복'임에는 틀림없다. 사막에서 낙타와 양을 키우던 사람들이 최고급 승용차에 운전사와 가정부를 두고 살고 있다. 또 이들 국가는 석유 수익 덕택에 충분한 예산을 가지고 지출을 행한다. 두바이에는 세계 최고층 건물 부르즈 칼리파Burj Khalifa가 들어섰고, 사우디아라비아는 1인당 전력 소비가 세계 1위다.

중동에 대한 이미지는 석유와 깊게 관련되어 있다. 사실 석유가 발견되기 이전에는 현재의 걸프 지역 아랍 국가들은 대부분 존재하지도 않았다. 서방 정부와 기업들이 유전 개발 이권을 차지하기 위해 유전 지역에 거주하던 최대 부족을 재정적으로 지원하면서 이들 부족이 후에 국가를 건설하고 정부를 구성했던 것이다. 쿠웨이트, 아랍에미리트, 카타르, 바레인 등이 바로 이렇게 탄생한 국가들이다. 근대화에 빠

질 수 없는 에너지원이자 전략물자인 석유로 인해 중동의 지정학적 중
요성도 커졌다. 중동 지역의 석유는 현재 세계 석유 확인매장량의 약
70퍼센트, 생산량의 약 36퍼센트, 수출량의 약 45퍼센트를 차지하고
있다.

그러나 이런 알라의 축복이 수십 년간 지속됐음에도 불구하고 아
랍권 22개국 중 정치적으로 그리고 경제적으로 선진화된 나라는 찾아
볼 수 없다. 돈이 많은 나라는 있지만 선진국은 없다는 얘기다.

중동의 저발전을 설명하는 이론, 지대추구형 국가 모델

앞서도 잠깐 설명했지만, 사실 아랍은 우리보다 훨씬 먼저 서구화
한 곳이다. 19세기부터 유럽의 식민지화가 진행됐기 때문이다. 더불
어 우리보다 앞서 산업화가 추진된 곳이다. 각종 제조업의 조립산업이
일찍이 시작됐다. 자본주의시대에 가장 중요한 자본도 많은 곳이다.
1970년대부터 막대한 석유 수출을 바탕으로 한 엄청난 자본이 있는
곳이다. 그런데도 정치적, 경제적으로 발전한 나라가 한 곳도 없다는
점은 쉽게 이해가 되지 않는다.

이런 중동의 저발전 현상을 설명하는 대표적인 이론이 지대地貸추
구형 국가rentier state 혹은 분배국가allocation state 모델이다. 근대에 들어
와 석유를 생산하기 시작하면서 중동 경제가 갖는 독특한 특성을 설명

하는 이론이다. 석유가 렌트(지대)를 제공하는 역할을 하는 것이다. 저개발 상태의 다른 개도국에서 나타나지 않는 중동 산유국의 특이한 현상으로, 정부가 석유나 가스 등의 천연자원을 판매하여 그 이익을 국민에게 분배하는 것이다.

이 경우 생산, 교환, 분배의 모든 영역에서 정부가 큰 비중을 차지할 수밖에 없다. 정부는 대규모 산업시설을 직접 설립하고 경영할 뿐만 아니라, 무역장벽을 통해 공기업이나 민간 기업을 보호한다. 또 공공서비스를 제공하고 인프라를 확충하고 더 나아가 최종적으로 국민들에게 일자리를 보장하는 역할까지 하게 된다.

유전 개발 과정의 예

사우디와 더불어 대표적 산유국인 아랍에미리트 아부다비의 유전 개발 과정을 한번 살펴보자. 최근에는 사우디와 아랍에미리트도 일부 유전을 자체적으로 개발하고 있다. 그러나 지난 70~80여 년 동안 이들 국가의 유전 개발은 다음과 같은 형태로 되어 있었다.

예를 들어 아부다비 정부가 한 광구를 개발하려 한다고 가정해보자. 일단 유전 지역을 광구로 나눈다. 순차적으로 개발하기 위해서다. 아부다비 정부는 이 광구를 국제입찰에 부친다. 세계적 석유회사들이 단독으로 혹은 컨소시엄을 구성해 입찰에 참여할 것이다. 여러 과정을

거쳐 미국 석유기업 셰브론Chevron이 이 광구의 개발권을 차지했다고
해보자. 우선 광구에 대한 본격적인 탐사작업이 진행될 것이다. 그런
데 이 탐사작업을 누가 할까? 셰브론이다. 탐사가 끝나면 원유가 밀집
된 것으로 추정되는 곳에 유정을 뚫는다. 이 과정도 셰브론이 담당한
다. 석유 매장이 확실시되면, 유정의 경제성을 정확히 파악하기 위해
시험 생산시설을 갖춘다. 이 시설 건설도 셰브론의 몫이다. 마지막으
로 종합 분석 결과 유정의 경제성이 확인되면 최종 생산시설을 건설한
다. 이것도 셰브론이 투자한다.

이 전체 과정에 있어서 아부다비 정부가 투입한 돈은 얼마일까?
사실상 제로에 가깝다. 그러면 수익 배분은 어떻게 할까? 이는 복잡한

사우디에서 최초로 원유를 생산한 유정 러키 7의 모습. 왕족이 모든 석유를 소유하고 있다.

유전 개발 계약서에 정확히 명시되는, 가장 중요한 부분이다. 각 나라별로, 또 석유의 질, 즉 중질유인지 경질유인지에 따라 다르지만, 일반적으로 아부다비 유전 개발 계약서의 경우, 50년 동안 셰브론이 원유 생산량의 10퍼센트를 가져간다고 되어 있다. 이를 통해 셰브론은 투자비용을 보전하고 이윤을 창출한다. 그러면 아부다비는 어떤가? 인풋은 거의 제로인데, 아웃풋은 원유 생산량의 90퍼센트다. 너무나 쉽게 버는 돈이다. 흥청망청 쓸 수밖에 없다. 이렇게 중동의 산유국들에서는 지난 수십 년 동안 최고급 외제차에, 호화로운 파티에 엄청난 낭비가 이어졌다. 그동안 대부분의 산유국들은 이런 소비에 국부를 쏟아붓는 실수를 범해왔다.

산유국의 국가 기능

그러나 이보다 더 심각한 문제가 있다. 이 같은 석유 자원에 의존하는 경제구조는 아부다비 경제를 심각하게 왜곡시켜왔다. 사우디와 마찬가지로 아부다비도 석유 및 가스 그리고 유관산업이 실질적으로 전체 GDP에서 약 60퍼센트를 차지한다. 여기에 한 가지 더 알아둘 것이 있다. 아부다비뿐만 아니라 중동 국가의 유전들은 모두 국영이다. 민간 유전은 단 한 곳도 없다. 유전 개발 과정과 위의 두 상황을 종합해보면, 아부다비의 전체 GDP에서 60퍼센트를 국가가 생산하고 있다는 결론이 나온다.

때문에 산유국의 국가 기능은 우리가 가지고 있는 국가 기능의 개념과 상당히 다르다. 소위 '현대국가' 개념에서 국가의 기능은 상당히 제한적이다. 특히 경제 부문에서 국가는 생산의 주체인 민간을 보조하는 역할을 한다. 민간의 생산 활동을 위해 국가는 인프라 건설과 치안 및 안보를 주로 담당하고, 대신 세금을 거둬 정부와 군대 등의 국가기관을 운용한다. 그러나 중동 산유국에서는 국가가 최대 생산자이자 최대 분배자 역할을 하고 있다. 여기서 중동 경제의 여러 특징이 나타나게 된다. 석유에 의존한 생산구조는 중동 경제의 특성이자 이 지역의 발전이 낙후된 가장 직접적인 배경이라고 할 수 있다.

강력한 국가주도형 경제의 결과

석유 의존적 경제구조의 직접적인 결과는 정부의 경제적 역할과 비중이 매우 높다는 것이다. 또 석유 등 에너지 산업이 정부 재정에서 차지하는 비중이 매우 높다. 전체 재정 규모 중 석유 부문에서 나오는 수입이 차지하는 비중은 70~90퍼센트에 이른다. 수출에서 차지하는 비중 역시 대부분의 경우 60퍼센트를 웃돈다.

이는 아랍 산유국에서 나타나는 대표적인 현상이다. 사우디나 아랍에미리트는 사회주의나 공산주의 국가가 아님에도 이런 국가주도형 경제구조를 가지고 있다. 오히려 사회주의 국가보다 더 강력한 국가의 기능과 역할을 가지고 있다. 제2차 세계대전 이후 사회주의 국가주도형 경제는 성공하지 못했다. 하지만 중동의 국가는 최대 생산자라는 점에서 사회주의 국가보다 더 강력한 국가의 기능을 가진다. 이런 구조 속에서 경제가 성공하긴 불가능했을 것이다. 실제로 중동 지역에서 이러한 정부의 과도한 경제적 개입이 성공적이지 못했다. 최대 생산자이자 최대 분배자인 국가의 역할로 인해 국민들은 정부에 크게 의존하며, 생산 활동에는 적극적인 자세를 보이지 않았다. 즉, 강력한 국가주도형 경제는 궁극적으로 민간 부문의 성장을 위축시켜 국민경제의 활력을 저하시키는 결과를 가져왔다.

뒤처진 민주화

이렇게 석유에 의존하는 중동의 지대추구형 국가 모델은 아랍의 민주화가 뒤처지게 된 한 원인이기도 하다. 근대 민주주의의 역사는 산업혁명으로 시작된다. 산업혁명으로 대량생산 수단을 갖게 된 민간이 전체 국가의 부에서 상당 부분을 생산하게 되면서, 이들 신흥 상공 세력이 국가권력에 도전하기 시작한다. 자신들이 생산의 주체임에도 군주 개인이 권력을 독차지하는 데 불만을 느끼고 권력의 분배를 요구하게 된다. 결국 민주주의는 주권이 국민에게 이전되면서 실현되는 것이다.

유럽의 경험과 역사에 따르면, 민주주의의 가장 중요한 전제 조건은 민간의 생산능력이 국가의 생산능력보다 절대적으로 커야 한다는 것이다. 그런데 중동 산유국에서는 아직도 국가가 최대 생산자이자 분배자다. 천문학적인 액수의 오일머니가 왕족 혹은 소수 권력층에게 집중되어 있다. 이들이 정부 요직을 담당하고 있는 것은 물론이다. 가장 강력한 부족 혹은 가문이 국가의 지배층이 되는 세습왕정하에서 국가의 재정 수입은 우선적으로 왕족의 손을 거치게 된다.

사우디, 아랍에미리트, 쿠웨이트 등 주요 산유국 왕족들은 석유 자원을 통치의 수단으로 삼아왔다. 이들은 국가의 최대 생산 수단인 석유를 독점함으로써 국가와 국민을 통제해왔던 것이다. 석유를 이용해 권력을 더욱 강화해왔다는 말이다. 결국 농업 등 다른 생산 수단을 가지지 못한 사막 지역에 사는 일반 국민들은 석유를 장악한 국가권력에 도전하기가 어렵고, 지배층의 재화 분배에 의존하게 된다.

이런 국가 내 경제적 종속관계 때문에 현재까지 걸프 왕정 국가들은 비교적 안정적으로 왕정을 지속할 수 있었다. 이들은 민주화를 거부해도 큰 정치적 도전을 받지 않았다. 고유가로 인한 막대한 원유 수출 수입이 왕족에 의해 좌지우지되어도, 이러한 경제적 종속관계 때문에 큰 정치적 소요가 없는 것이다. 이는 이 지역 왕족들이 엄청난 개인 재산을 축적할 수 있는 배경이기도 하다. 때문에 왕족이 아닌 일반인이 큰 사업에서 성공하려면 자금원인 왕족들과 친밀한 관계여야 하는 경우가 많다. 실제로 우리나라의 건설업체 관계자들도 '중동에서 성공하려면 힘 있는 왕자를 잡아야 한다'고 자주 말하곤 한다.

아랍에는 왜
제조업이 없을까?

아랍 업체와 거래하는 것은 쉽지 않다. 무역박람회에 가보면 문의는 많지만 실제로 실적을 내기 어렵다. 현지 업체 중에는 첫 만남에서 다짜고짜 총판매권 혹은 아랍 지역 전체 에이전트십을 달라는 경우도 있다. 가격을 협상할 때도 몇 센트를 다운시키느냐를 가지고 며칠을 끈다. 하지만 자신들의 이익은 항상 두 자릿수 이상의 퍼센티지를 챙기려고 한다. 수수료도 높다. 중간 역할에 대한 커미션을 확실히 그리고 높은 비율로 받으려 한다.

아랍에서 흥정은 필수다. 아랍인들은 이를 즐긴다. 말도 안 되는 가격을 제시한 뒤 장시간 협상을 하려 한다. 주로 상품을 팔거나 플랜트를 수주하는 우리 입장에서는 참고 또 참아야 한다. 화를 내서도 안 된다. 수천 년 동안 전해져 내려온 아랍인들의 상인정신이기 때문이다.

아랍의 세계적인 민간 제조업 회사 혹은 유명한 브랜드 네임 하나만 얘기해보자. '없다'. 극동의 작은 나라, 자원과 자본도 없었던 우리나라에도 웬만한 세계인은 아는 삼성, 현대, LG 등이 있다. 아랍권에는 22개 국가가 있다. 이렇게 많은 나라가 있는데 왜 제대로 된 제조업체가 단 하나도 없을까?

우리나라보다 먼저 서구화되고, 우리나라보다 먼저 제조업도 시작된 아랍. 여기에 사우디아라비아가 석유 수출을 제한하면서 유가가 급등한 1973년 오일쇼크 이후부터 아랍의 산유국들이 그동안 벌어들인 오일머니까지. 1973년부터 현재까지 40여 년이 넘는 동안 중동으로 흘러 들어간 석유 대금은 계산하기도 어려울 정도다. 수십조 달러는 족히 될 것이다. 사우디 한 나라만 따져보아도 2014년 석유 수출로 벌어들인 돈이 약 2,900억 달러를 넘었다. 그런데 그 엄청난 오일머니를 가지고도 제대로 된 제조업 회사가 아랍 22개국 중 단 하나도 없다는 것은 어떻게 설명할 수 있을까?

앞서도 설명한 국가 주도의 발전 전략, 석유에 대한 지나친 의존, 비효율적인 경제 운용, 교육의 부재, 부족한 근면성 등 여러 이유가 있을 것이다. 그러나 이런 이유들을 중동 전체에 공통적으로 적용하기는 어렵다. 각 나라마다 경제 환경이 크게 다르기 때문이다. 중동에는 산유국도 있고 비산유국도 있다. 사회주의 경제 체제를 받아들인 나라도 있고, 개방정책을 추진해온 나라도 있다. 서방의 일부 학자들은 중동의 제조업 부재 이유를 이슬람 종교에서 찾는다. 하루에 다섯 번 예배를 드리고 1년에 한 달을 단식하는데, 어떻게 생산 활동을 제대로 할 수 있겠느냐는 것이다.

경제학자들에게는 좀 어색한 접근법이겠지만, 중동인들의 정신세계에서 그 답을 찾아볼 수 있다. 바로 '머천트merchant 마인드'다. 상인정신이라고 할 수도 있고, 좀 비하한다면 '장사꾼' 마인드라고도 표현할 수 있다. 종교와는 큰 관계가 없다. 페니키아인들처럼 이슬람 발생 이전 시대의 중동 사람들도 상업을 중시해왔다. 중동 출신 유대인들은 제2차 세계대전 전후로 유럽에서 장사와 고리대금에만 치중하는 민족으로 손가락질을 받기도 했다. 문제는 독립국가 형성 이후에도 이 상인정신이 중동 대부분 국가의 경제와 경제인들의 마음속에 뿌리 깊게 남아 있다는 점이다.

제조업보다는 장사를 선호하는 사람들

실제로 장사에 익숙한 사람이 제조업을 하기란 쉽지 않다고 한다. 계약 한 건만 잘 성사시키면 몇십 퍼센트의 이익을 남길 수도 있고, 사재기만 잘해도 몇 배의 이익을 올릴 수 있는 것이 장사이기 때문이다. 소규모 자본으로도 할 수 있을 뿐만 아니라 제조업에 비해 관리도 쉽다. 국내외 인맥을 잘 구축해 계약 혹은 구매만 잘하면 된다. 아랍의 무역상 중 고위관리 출신이 많은 것도 이 때문이다. 정부와 인맥을 어느 정도 가진 사람들은 은퇴 후 무역회사를 차리는 경우가 많다.

아랍 경제인들은 아무리 잘해도 수익 발생에 상당 기간이 소요되는 제조업에 투자하기를 꺼린다. 부지를 구입하고, 생산시설을 짓고, 인력을 관리하고, 품질을 높여야 하고, 판매까지 신경 써야 하기 때문이다. 이 때문에 지난 수십 년간 중동의 오일머니는 부동산 사업, 주식, 채권, 서비스업 등에만 집중됐다. 모두 자금회전이 빠른 분야들이다.

아랍에서 다른 산업 발전에 기반이 되는 제조업 등의 2차 산업 발전이 미미한 배경에는 이처럼 지나친 상인정신이 배후에 있다. 결국 민간 기업이 아닌 정부가 홀로 수없이 비효율적인 제조업에 투자해왔다. 비민주화된 사회에서는 부패와 나태가 만연해 공기업의 생산성이 상당히 낮다. 일부 사회주의 경제를 추구하는 나라에서는 '해고'가 불법인 경우도 많다. 기계 하나에 한두 명이면 될 것을 수십 명이 달라붙어 있는 경우도 있다. 산업이 발달하려면 정부가 주도하더라도 민간이 어느 정도 따라와주어야 한다. 그러나 아랍에서는 팽배한 상인정신 때문에 이것이 불가능하다.

제조업도 장사처럼

아랍에서는 제조업을 하더라도 장사처럼 하는 경우가 흔하다. 공장을 운영하고 있지만 대부분 조립생산이다. 연구개발R&D을 통해 새로운 제품을 만들거나 혁신적인 기술을 개발하는 것에 큰 관심이 없다. 대부분 해외에서 들여온 기계를 돌려 물건을 만들고, 팔 생각만 한다.

예를 들어보자. 이집트의 자동차 산업은 우리보다 20여 년 먼저 시작됐다. 1956년 이탈리아의 피아트사와 계약을 맺고 부품을 들여와 당시 대통령 나세르와 이름이 유사한 '나스르'라는 자동차를 조립하기 시작한 것이다. 하지만 아직도 제자리 수준이다. 21세기에도 이집트는 자동차를 조립만 하고 있다. 다른 아랍 국가들도 사정은 마찬가지다. 단순히 조립만 하거나 완성된 차를 수입하고 있다. 1976년 포니를 처음 조립하기 시작해 2015년 기준 자동차 부문 세계 5위 전후의 대기업으로 성장한 현대자동차와는 큰 대조를 보인다.

이집트 자동차 업체의 사업방식은 간단하다. 어떤 기업과 3년 전후의 부품 공급 계약을 체결하고 특정 차량의 생산라인을 설치한다. 그러면 해당 기업은 엔지니어를 파견해 생산 공정 관리를 돕는다. 이집트 기업이 주로 담당하는 것은 판매다. 3년 정도 판매를 해보고 잘되면 한두 해 더 연장한다. 그리고 시장이 어느 정도 포화상태라고 판단하면, 이집트 기업들은 해당 기업과의 계약을 종료하고 또 다른 나라의 차종을 찾아 생산한다. 이런 방식을 지난 수십 년 동안 반복해온 것이다. 기술개발이나 축적, 부품의 국산화 혹은 영구적인 협력관계에는 큰 관심이 없다. 1990년대 이후 현대, 기아, 대우 자동차가 이집트에 생산 라인을 가지고 있었다. 그러나 2016년 기준으로 이집트에서는 더 이상 우리 차량이 조립되지 않는다.

카이로 국제무역박람회에 참가해 한국 기업의 제품을 유심히 살펴보는 중동의 바이어들

중소기업들도 이와 비슷하게 운영된다. 공장을 운영하는 제조업체의 경우에도 주로 '빠른 돈'이 되는 조립만을 한다. 또 한 공장에서 다양한 제품들이 생산되곤 한다. 플라스틱 사출기계가 돌아가는 라인, 알루미늄 용기를 제조하는 라인, 종이컵을 찍어내는 라인 등이 한 회사가 운영하는 공장 내에서 돌아간다. 외국에서 기계를 구입한 후 제품을 생산하는 것이다. 기계가 노후해 더 이상 사용이 불가능해지면 관련 제품 생산을 완전히 중단하고, 다른 제품을 생산한다. 사실상 전문으로 하는 업종이 없다는 뜻이다.

사업가 집안에서 아버지는 전자제품 수입, 아들은 플라스틱 사출 공장, 다른 아들은 자동차 부품 수입을 하는 경우도 흔히 볼 수 있다. 한 사람이 다양한 분야에서 여러 종류의 제품을 생산하거나, 에이전트로 활동하는 경우도 흔하다.

국가경제와 가계에도 악영향을 미치는 상인정신

사정이 이렇다 보니 과거 수십 년간 벌어들인 엄청난 오일머니에도 제조업이 발달하지 못한 것이다. 일부 왕족들이나 군사정권 실권자들은 엄청난 돈을 해외 부동산 혹은 금융상품에 투자하곤 했다. 최근 막대한 오일머니를 바탕으로 한 정부의 공공 부문 투자는 크게 증가하고 있지만, 민간 부문이 여전히 이를 받쳐주지 못하고 있다. 상업과 서비스업에만 돈이 몰리는 것이다. 물론 21세기에 국가 경제발전에 있어 제조업이 꼭 우선돼야 한다는 것은 아니다. 서비스업 등 소위 3차 산업으로도 부유하고 경쟁력 있는 국가 경제구조를 만들 수 있다. 그러나 중동의 경우 상인정신이 너무 지나치다 싶을 정도로 팽배해 제조업에 대한 투자가 이루어지지 않는다는 게 문제다.

이렇게 지나친 상업주의는 국민경제에도 악영향을 미친다. 우선 실업률이 높다. 아랍권 대부분의 국가는 실업률이 두 자릿수다. 실질 실업률이 30퍼센트 혹은 40퍼센트에 달하는 곳도 있다. 산유국도 상황은 마찬가지다. 사우디나 이란에서도 가장 큰 사회문제는 실업률이다. 인구는 크게 늘고 있는데 일자리 창출이 안 되기 때문이다. 정부, 공공기업 그리고 서비스업에서만이 인력을 어느 정도 흡수하고 있다. 제조업이 발달하지 못해 일자리가 크게 늘지 못하고 있는 상황이다.

아랍권 대부분 국가는 물가도 비싸다. 서민 가계에는 큰 부담이다. 국내에서 대량생산이 이루어지지 않아 생필품조차 대부분 수입한다. 특히 공산품의 경우는 다른 어느 지역보다 비싸다. 상업주의에 물든 무역상들이 중간 마진을 지나치게 높여 소비자는 비싼 값을 지불해야 한다. 또 비산유국들은 재정 수입을 충당하기 위해 높은 관세 정책을 유지하고 있다. 상업 세력과 권력층이 결탁하는 경우도 많다. 외국 제조업체의 진출이 어려운 이유가 바로 여기에 있다. 정부 실세와 손잡고 무역을 하는 큰 상인들이, 외국 제조업체의 진출을 막거나 방해하고 있기 때문이다.

이런 분위기 속에서 경제권을 쥔 왕족과 일부 세력들이 정치적 영향력을 세습하고 있는 것이다. 하지만 2011년 아랍의 봄에서 나타난 바와 같이 미진한 산업발전으로 인한 일자리 부족은 젊은이들을 거리로 뛰쳐나오게 하고 있다. 높은 실업률이 결국 정치적 부담으로 작용하고 있는 것이다.

바가지는 장사의 기술, 수수료는 최고의 비즈니스

5,000년 이상 이어진 중동의 상인정신은 아직도 살아남아 중동의

비즈니스 환경에 영향을 주고 있다. 중동인들과 비즈니스를 할 때는 이러한 상인정신을 철저히 이해해야 효과적이고 유리한 협상을 이어 나갈 수 있다. 몇 가지 대표적인 내용을 소개하겠다.

중동인들은 느긋하다. 몇 개월씩 걸리는 여정에 익숙한 사람들이다. 낙타 등에 짐을 싣고 사막의 오랜 여정을 거쳐야 다음 목적지에 도착한다. 목적지에 도착하면 최소 며칠은 쉬어야 한다. 천천히 느긋하게 협상할 시간적 여유가 있다. 때문에 중동의 상가들은 숙소가 딸려 있는 것이 특징이다. 여관의 경우에도 2층에서 잠을 자고 바로 아래층에는 가판을 열 수 있는 공간이 딸려 있다. 중동인들은 우리와는 달리 자신이 목표한 이익에 충족하지 않으면 거래를 하지 않는 경우

사우디 수도 리야드의 한 시장에서 즉석 경매가 이루어지는 모습

도 있다. 아파트의 경우 자신이 원하는 임대료가 아니면 수개월 또는 1년을 비워놓기도 한다. '비워놓느니 싸게 주는' 우리의 마인드와는 다르다.

또 중동에서는 전통적으로 사재기가 불법이 아니다. 그런데 최근에 와서 정부보조금이 들어가는 품목에 한에서만 사재기를 불법화했다. 때문에 최근 중동권의 신문 사회면에 가장 자주 등장하는 사회문제가 사재기 현상이다. 명절 같은 대목에는 항상 사재기가 성행한다. 큰 상인들은 최대한의 물건을 미리 사들여 가격을 올린다. 쌀, 설탕, 차, 밀가루 등 생필품에 대한 사재기도 빈번하다. 정부가 법을 제정해 불법화해도 막기 어렵다. 오래된 전통이기 때문이다.

물건을 산 이후에는 개인 소유이기 때문에 사재기도 철저히 사유재산으로 보장한다. 상업을 장려하는 전통이 '부도덕한' 상행위도 눈감아주는 것이다. 이 때문에 예전부터 큰 상인들은 썩지 않는 물건을 유통시켰다. 향료, 차, 커피, 말린 대추야자 등이 그것이다. 사재기를 할 수 있는 품목들이다. 채소, 고기, 생선 등을 파는 사람은 현재도 소위 '하급' 상인으로 분류된다.

중동에서는 터무니없는 가격을 요구하는 경우도 많다. 미터기를 설치하지 않은 택시를 타면 기사가 외국인 승객에게 10배 이상의 요금을 부르기도 한다. 우리와는 달리 바가지가 비윤리적인 행위가 아니다. 최대한 싸게 사서 비싸게 파는 상인은 장사를 잘하는 사람이다. 장사라는 것이 중간 이윤을 추구하는 것이기 때문에 최소한의 서비스를

이집트의 라마단 장식용 등인 파누스를 파는 상점

제공하면서 최대한 높은 요금을 받는 사람은 훌륭한 비즈니스맨이다. 욕먹을 행동이 아니라는 것이다.

오래전부터 중동 거대 상인들은 엄청난 이윤을 추구했다. 가장 대표적인 예가 향료 교역이다. 중국 및 인도에서 향료를 수입해 사막을 거쳐 이탈리아 남부 항구에 도착하면 향료를 금과 같은 무게로 바꾼다. 소위 환금작물이다. 현재도 대부분의 중동 비즈니스맨들은 두 자릿수 퍼센트, 즉 10퍼센트 이상 남지 않으면 계약을 잘 체결하지 않는다.

이런 심리는 비즈니스 협상에서도 잘 나타난다. 더운 날씨에 천천히 행동하는 것도 이유이겠지만, 더 중요한 것은 5,000년 이상 상업에 종사한 사람들의 자세다. 조금은 극단적인 예를 들어보겠다. 100달러짜리 물건이 있다고 가정해보자. 물건을 파는 상인은 손님이 오면 1만 달러라고 외친다. 우리나라에서 이런 일이 발생했다면 물건을 사러 온 사람은 얼굴이 붉어져 욕을 할 수도 있을 것이다. 그러나 중동에서는 물건을 사러 온 사람이 전혀 화를 내지 않는다. 오히려 웃으며 '1달러'라고 외친다. 그러고는 둘이 차를 마시며 웃고 깔깔대며 몇 시간씩 이야기한다. 결국 물건 가격은 100달러 전후로 결정이 된다.

중동인들의 시각에 따르면 이런 경우 파는 사람, 사는 사람 모두 전혀 화낼 일이 아니다. 서로를 존중하는 것이다. 물건을 사는 사람은 파는 사람이 최대한 높은 가격으로 팔고 싶어 하는 마음을 존중한다. 반대의 경우도 마찬가지다. 우리와는 상당히 다른 상거래 자세를 가

왼쪽 위 **바레인 시장의 대추야자 등을 파는 건과물 상점**
오른쪽 위 **예멘의 대추야자 상인**
가운데 **모로코의 올리브 상인**
왼쪽 아래 **사우디아라비아 제다의 향수가게**
오른쪽 아래 **이라크 길거리의 담배 상인**

진 사람들이다. 어떻게 보면 부도덕한 상거래 관행일 수도 있다. 그러나 바꾸어 말하면 상업을 중시하는 중동인들의 심리가 잘 녹아 있는 문화다.

상거래를 존중하는 이런 풍조 때문에 중동에서는 수수료 혹은 중개료의 개념이 확실하다. 중동에서 월세 집을 구할 때는 엄청난 수수료를 지불해야 한다. 유럽처럼 기업형으로 운영되는 부동산 중개업소도 아니고, 우리나라처럼 시험을 통과한 공인중개사가 개입하는 경우가 아닌데도 그렇다. 길가에 나무 간판 하나 걸어놓고 의자가 사무집기의 전부인 소개업자에게도 한 달 치 월세를 수수료로 내야 한다. 이 소개업자가 월세가 수천 달러에 달하는 아파트를 외국인에게 소개한다고 했을 때 버는 돈은 엄청나다. 산유국인 걸프 지역의 부자나라를 제외하고는 중동 국가의 일반 직장인 한 달 평균임금이 200~300달러에 못 미치는 것을 고려하면 고액의 수입이다. 이들은 '내가 없었으면 거래가 이루어지지 않았을 것'이라고 주장한다.

중동에서는 어떠한 상황에도 상거래 시 중간에서 작은 역할이라도 하면 '당연한' 보상을 요구한다. 이런 관행을 언급하는 아랍어 단어도 있다. 바로 '와스따wasta'다. '중간에 있다'라는 의미다. 이 와스따를 직업으로 하는 사람들이 많다. 부동산 중개업에서 대규모 프로젝트의 에이전트까지, 중동인들이 상당히 좋아하는 직종이다. 특별히 밑천도 들어가지 않고, 계약만 체결되면 큰 이익을 얻을 수 있기 때문이다. 이 와스따의 관행은 사회 밑바닥에서 최고 정점까지 만연해 있다.

중동에서 또 하나 이해하기 어려운 상업 전통은 정부 관리가 비즈니스에 직접 종사하는 것이다. 한마디로 말해 장관도 비즈니스맨인 경우가 많다. 이집트의 관광성 장관은 대규모 관광회사와 유통회사를 가지고 있다. 걸프 지역의 대부분 왕족은 장관직을 수행하며 외국 회사의 에이전트로 일한다. 중동에 진출한 우리나라 대기업들은 대부분 이들 왕족 혹은 장관에게 막대한 에이전트 비용을 내고 있다. 특별한 일을 하지 않지만 이름을 빌려주고 만약 문제가 생기면 뒤를 봐준다. 이에 대한 대가로 수십만 혹은 수백만 달러를 매년 받는다.

철저한 '수수료' 그리고 에이전트 마인드는 과거 유목생활에서부터 시작되었다. 무역로에서 떨어져 사는 부족들은 조용히 유목생활을 하면서도 때로는 '습격raid'을 중요한 부의 축적 혹은 생계 수단으로 삼았다. 카라반(대상)을 습격해 금품을 빼앗는 소위 강도 행위가 그것이다. 그러나 유목민들에게는 이런 습격이 '정당한' 생계 수단으로 받아들여지는 전통이 생기게 됐다. 이보다 '점잖은' 부족은 자신의 영역을 지나는 카라반에 통행료를 징수했다. 이슬람의 창시자 무함마드도 여러 차례의 습격 작전을 통해 세력을 키웠다. 권력을 획득·유지하는 데 필요한 자금을 이렇게 조달했던 것이다. 현재도 많은 중동 국가에서는 외국인의 단독 법인 설립을 허용하지 않고 있다. 자국인을 에이전트로 고용해야 법인 설립이 가능하도록 법으로 규정해놓았다.

이런 관행을 가진 사회에서 외국인이 비즈니스를 하기란 상당히 어렵다. 중개료 혹은 에이전트 수수료가 상당히 높은 것은 물론, 소위

'빽'이 없으면 큰 계약을 따내는 것이 불가능하다. 강력한 에이전트가 없으면 중동 기업과의 경쟁에서 외국 기업이 밀려나기 일쑤다. 경쟁이 존재하는 서양식 비즈니스 마인드로 접근하면 실패하는 것도 이런 이유 때문이다.

석유보다
귀한 **물**

"물 파동이 난다면 1970년대 석유 파동과 비교할 수도 없을 것이다." 유네스코 산하 세계수자원평가프로그램World Water Assessment Programme,WWAP은 2010년 보고서에서 이렇게 말했다. 석유와 달리 물은 보완재가 없는 자원이다. 때문에 수자원을 둘러싼 분쟁 발발 가능성도 예견되고 있다. 특히 물 부족이 가장 심한 중동에서 분쟁이 발발할 것이라는 분석이 지배적이다. 1992년 미국 국방부가 작성한 '미래 전쟁 시나리오'도 수자원을 둘러싼 중동 내 전쟁 가능성을 지적했다.

치수가 정권 생존의 열쇠

중동의 물 부족은 우선 기후와 지형에 기인한다. 강우량이 극히 적은 사막 기후로 인해 중동 지형의 85퍼센트는 풀 한 포기 없는 불모의 땅이다. 현재도 중동의 사막화는 급속히 진행 중에 있다. 때문에 중동의 고대 왕조들도 치수에 정권의 생존을 걸었다. 이란에서는 약 7,500년 전 관개수로가 등장했다. 이라크에서는 6,000여 년 전 세계 최초

한국 기업이 추진 중인 리비아 대수로 공사 현장

로 운하를 팠다. 이집트에서는 5,300년 전 세계 최초의 댐을 건설했고, 2,000년 전부터는 깊은 지하 대수층에서 물을 퍼 올려 사용하는 기술이 개발됐다. 물을 운반하기 위한 토목공사도 일찍이 시작됐다. 북부 아프리카 카르타고에서 2세기경 건설된 송수교는 그 길이가 141킬로미터에 달했다. 하루에 3,100만 리터의 물을 도시 곳곳에 공급했다고 한다.

현재 중동에서 물 부족보다 더욱 심각한 문제는 인구 폭증이다. 이슬람 종교의 낙태 불가 원칙과 오일머니를 바탕으로 한 보건복지의 확대로, 현재 이슬람권은 세계에서 가장 빠른 인구증가 추세를 보이고 있다. 지난 100년 사이 중동의 인구는 4,100만 명에서 4억 5,000만 명으로 10배 이상 늘었다. 빠른 도시화도 문제다. 1950년대에는 인구의

30퍼센트가 도시에 살았지만 현재는 인구의 70퍼센트가 도시에 산다. 물 부족이 심화될 수밖에 없다. 이를 해결하기 위해 중동 각국은 막대한 비용을 지불하고 있다. 1980년대 초 동아건설이 수주한 리비아의 대수로 공사가 그 대표적 예다. 리비아 남부의 지하 대수층에서 지중해 연안 주요 도시로 총 5,000킬로미터에 달하는 거대한 송수관을 연결하는 사업이다.

1세제곱미터 물 생산 비용 1,300원

국제부흥개발은행International Bank for Reconstruction and Development, IBRD 집계에 따르면, 중동 지역의 연간 수자원 총량은 약 3,500억 세제곱미터다. 이는 1인당 연간 1,400세제곱미터에 해당하는 것이다. 전 세계 평균치의 20퍼센트에도 못 미친다. 1인당 이용 가능한 물의 양이 500세제곱미터 이하인 나라도 꽤 많다. 2015년 기준 1인당 이용 가능한 물 양의 세계 평균은 8,372세제곱미터 정도다.

반면 리비아, 카타르, 사우디아라비아, 아랍에미리트, 쿠웨이트 등의 걸프 산유국들은 자국에서 이용 가능한 물의 양보다 더 많은 물을 쓰고 있다. 이들은 지하수를 대규모로 개발하거나 바닷물을 담수화해 사용하고 있다. 이 시설들은 역삼투압방식 등의 고난도 기술로 만들어졌다. 우리나라의 건설업체들이 중동에서 가장 많이 수주하는 분

막대한 돈을 들여 담수한 물로 가꾼 두바이의 화단

야가 바로 전력 생산과 담수화를 병합한 시설이다.

걸프 산유국에 담수화 시설이 특히 많이 들어서는 이유는 아라비아 반도에 대규모 강이나 호수가 없기 때문이다. 사우디아라비아, 아랍에미리트, 쿠웨이트 등은 90퍼센트 이상의 생활 및 산업 용수를 수십 개의 담수화 시설에 의존하고 있다. 이들 국가는 막대한 건설 및 운영 비용과 전력을 소비하는 담수화 시설을 유지하는 데 매년 수백억 달러를 지출하고 있다. 이렇게 담수화 시설을 통해 1세제곱미터의 물을 생산하는 데는 1,300원 정도의 비용이 든다. 또 먹는 물은 대부분 수입되고 있다. 물 값이 석유 값보다 비쌀 수밖에 없다. 사우디에서 휘발유 1리터의 가격은 200원 정도다.

중동에서 수자원 관련 갈등은 이미 진행 중이다. 아프리카 나일 강의 수자원 재분배 문제를 둘러싸고 상·하류 지역 국가 간의 갈등이 심화되고 있다. 적도 부근에서 발원하여 지중해까지 6,671킬로미터를 흐르는 나일 강. 나일 강의 상류 지역 7개국, 즉 르완다, 민주콩고, 에티오피아, 우간다, 부룬디, 케냐, 탄자니아는 하류 지역에 위치한 두 나라 수단과 이집트에 대해 불만이 많다. 일례로 에티오피아는 나일 강 상류에 댐을 건설하겠다는 계획을 여러 차례 발표한 바 있는데, 그때마다 강 하류에 위치한 이집트 정부는 댐이 건설되면 바로 폭격하겠다고 위협하고 있다.

나일 강 상류 7개국은 이 강에 수력발전소를 건설하거나 관개수로 공사를 하려 해도 현재는 법적으로 불가능하다. 1929년 이집트와 영국 그리고 1959년 이집트와 수단이 체결한 두 협정 때문이다. 이 두 협정은 나일 강에 댐을 건설할 경우 반드시 가장 하류 지역 국가인 이집트의 승인을 얻어야 하고, 하류 두 나라가 나일 강 수자원의 90퍼센트를 사용할 수 있도록 규정하고 있다.

나일 강에 대한 의존도가 절대적으로 높은 이집트와 수단은 강 상류의 국가들이 물길을 다른 곳으로 돌리거나 수력발전소를 세우면 극심한 물 부족에 처하게 될 것을 우려하며 현상유지를 요구하고 있다. 이런 나일 강 하류 2개국의 반대 속에서도 상류 7개국은 나일 강의

이집트 나일 강의 전경

수자원을 평등하게 이용할 권리를 담은 새 협약의 체결을 추진하고
있다.

　하지만 현재 이 9개 국가 중 이집트가 정치 및 군사적으로 가장 강
한 나라다. 이집트는 이미 나일 강에 아스완 댐을 건설해 자신들에게
유리하게 강의 수자원을 이용하고 있다. 수단을 포함한 상류 8개국은
여러 차례 댐을 건설하겠다는 계획을 발표했지만 '폭격할 수도 있다'
는 이집트의 위협에 어느 국가도 댐 건설을 강행하지 못하고 있다.

요르단 강이 사라질 수도 있다

중동의 수자원 분쟁은 나일 강 유역에 국한되지 않는다. 요르단 강이 지나는 팔레스타인 지역에서는 이미 수자원 갈등이 재앙에 가까운 수준에 이르렀다. 예수가 세례를 받은 요르단 강의 일부 구간은 강폭이 3미터도 안 되는 작은 개천 수준으로 줄어들었다. 강 유역의 국가들이 물을 과도하게 소비하고 있기 때문이다. 1960년대만 해도 13억 세제곱미터였던 하천의 유량이 최근에는 1억 세제곱미터로 90퍼센트 이상 감소했다. 이러다 없어질 수도 있다.

이스라엘, 요르단, 시리아, 팔레스타인, 4개국이 매년 엄청난 양의 강물을 농업용수와 식수로 사용하고 있는 것이 그 원인이다. 이들 각국이 건설한 파이프라인, 수로, 댐, 수중보는 강의 유량과 유속을 크게 감소시키고 있다. 요르단 강물이 흘러 들어가는 사해死海의 수위도 매년 1미터씩 낮아지고 있다. 전문가들은 50년 후에는 사해도 사라질 것이라고 우려하고 있다.

티그리스 강과 유프라테스 강 유역에도 긴장이 고조되고 있다. 유프라테스 강 최상류에 위치한 터키의 강 유역 개발 사업과 '동남부 아나톨리아 프로젝트GAP'도 시리아와 이라크 등 주변국의 반발을 사고 있다. 이 프로젝트는 유프라테스 강 상류에 22개의 댐과 19개의 수력 발전소를 건설하겠다는 대규모 사업이다. 이미 아타튀르크 댐 등 상당수의 댐과 발전소가 완공됐다. 하류에 위치한 시리아와 이라크가 현재의 정치적 혼란과 내전을 겪지 않고 있다면, 분명 심각한 갈등으로 발전됐을 것이다. 티그리스 강의 경우에도 지류가 터키에서 시작되어 이라크로 흘러 들어가고 있어 향후 충돌이 예상된다.

이미 시작된 보이지 않는 물 전쟁

물이 귀한 중동에서는 이미 오래전부터 이를 두고 '보이지 않는 전쟁'이 있었다. 유목민들이 호전적일 수밖에 없는 이유도 바로 물을 지키기 위해서다. 자신의 우물이나 오아시스를 빼앗기게 되면 생존이 어렵다. 목숨을 걸고 지킬 수밖에 없는 것이다. 앞서도 설명했듯이 이스라엘이 1967년 제3차 중동전쟁 때 시리아로부터 빼앗은 골란고원을 돌려주지 않는 이유도 여기에 있다. 갈릴리 호수로 흘러드는 물은 골란고원에서 시작된다. 이스라엘은 2000년에 남부 레바논을 반환하기는 했지만, 이 지역 수자원을 아직 그대로 사용하고 있다. 지하 파이프라인을 통해 이스라엘 영토로 물을 끌어오고 있는 것이다. 이 때문에 이스라엘에서 상수도관 도면은 핵 시설 다음으로 중요한 국가비밀이라는 말이 있을 정도다.

수자원 부족은 중동 내 마찰과 긴장의 원인을 제공하고 있다. 특히 막대한 비용이 드는 담수화 시설을 구축할 수 없는 나라들 사이에서는 갈등이 더욱 심화될 수밖에 없다. 특히 농업과 공업 등 경제발전을 위해 수자원에 대한 수요가 증가되는 상황에서 분쟁 위험은 더욱 고조되고 있다. 물 부족은 각국의 경제발전에도 직접적인 영향을 준다. 또 중동 내 기후변화와 인구증가로 사막화가 급속도로 진행되면서, 또 다른 분쟁의 씨앗이 자라고 있는 것이다. '제3차 세계대전'이 중동에서 물 전쟁으로 시작할 수 있다는 지적도 심심찮게 나오고 있다.

거대 분쟁의 발단이 될 수도 있는 수자원. 그러나 이는 다른 의미에서 기회가 될 수도 있다. '물의 흐름을 알면 돈이 보인다'라는 중동의 격언이 있다. 물론 현재도 치수와 관련한 프로젝트들이 많이 있지만, 식수 및 용수 생산뿐만 아니라 정수, 송수, 하수처리 같은 사업의 기회가 무궁무진하다. 앞으로 더욱 다양한 사업들이 등장할 것이다. 중동에서 수자원 관리는 단순한 사회·경제적인 문제가 아니다. 정권과 국민의 생존이 달린 사안이다.

큰손으로 부상하는 이슬람 금융

2014년 10월 초 룩셈부르크가 유로존 18개 국가 중 처음으로 2억 유로(약 2,700억 원) 규모의 5년 만기 이슬람 채권 수쿠크Sukuk를 발행했다. 투자가들의 반응은 폭발적이었다. 발행 금액의 두 배에 달하는 투자 금액이 몰렸다. 한 달 전인 9월 10일 홍콩이 발행한 10억 달러 규모의 5년 만기 미국 달러화 표시 수쿠크도 대박을 맞았다. 발행 금액의 5배의 투자 금액이 모였다. 멀리 남아프리카공화국도 같은 달 17일, 5억 달러의 수쿠크를 발행했다.

이들 국가보다 앞서 서방 국가로는 최초로 수쿠크를 발행한 나라는 영국이다. 2014년 6월 25일 영국 정부는 5년 만기로 2억 파운드(약 3,450억 원) 규모의 수쿠크를 발행했다. 투자 주문은 발행 금액의 11배가 넘는 23억 파운드가 접수됐다. 〈파이낸셜타임스Financial Times〉는 2014년 5월 '이슬람 금융이 글로벌 금융시장의 주류로 부상한 분위기

다'라고 보도한 바 있다. 수쿠크 열풍은 전 세계 금융계의 화두라고 할
수 있다.

수쿠크란 무엇인가

수쿠크는 이슬람법에 따르는 채권이다. 이슬람법 샤리아는 돈을
빌려주는 대가로 이자를 받는 것을 금지한다. 이를 기생행위 혹은 부
당이득으로 간주한다. 이 때문에 이자 대신 배당금으로 수익을 배분
하는 금융기법이 바로 수쿠크 채권이다. 그러나 현대 일반 채권하고
는 다른 점이 있다. 현재 통용되는 일반 채권은 정부나 기업이 거액을
일시에 조달하기 위해 발행하는 차용증서다. 계약 시점에 원금과 이
자 지급을 약정한다. 그러나 수쿠크는 단순한 차용증서가 아니라 투자
금을 특정 사업에 투자한 뒤 발생하는 수익을 배당금 형태로 지급하는
것이다. 물론 이슬람법에 반하는 술, 돼지고기, 도박 등에 대한 투자는
금지된다.

수쿠크는 중세 이슬람 국가에서 처음 발행되었다. 엄밀히 말하면
이자를 금지하는 이슬람법을 우회하면서 자금을 활용하기 위해 고안
된 금융기법이자 상품이다. 돈을 받고 그 대가로 돈을 주면 이는 이슬
람법에서 금지하는 이자이기 때문에, 중간에 사업을 끼워넣어 투자와
이윤 분배 개념으로 포장한 것이다. 이 거래에서 등장한 계약 혹은 계

약서를 이슬람법에서는 사크Sakk라고 칭한다. 이 사크의 복수가 수쿠크다. 그리고 사크를 페르시아어로 읽으면 체크Chek다. 우리가 현재 사용하고 있는 수표Cheque의 어원이다.

약 2조 달러 규모의 이슬람 금융

세계적 금융기업들이 이슬람 금융시장에 본격적으로 진입하고 있는 이유는 간단하다. 금융허브의 지위를 놓치지 않기 위해서다. 급성장하는 이슬람 금융시장을 선점하겠다는 계산도 깔려 있다. 이슬람 금융시장은 2014년 2조 달러를 넘어섰다. 지난 10여 년간 고유가로 중동의 오일머니가 그 위력을 떨치고 있기 때문이다. 2006년에는 5,000억 달러에 그쳤지만, 8년 사이 네 배 이상 성장했다. 중동의 경제 및 금융 전문매체 〈자우야Zawya〉는 2018년에는 이슬람 금융시장이 3조 4,000억 달러까지 성장할 것으로 보도했다. 금융기관과 전문가들은 앞으로 이슬람 금융시장이 가파르게 성장할 것으로 예상하고 있다.

중동 및 이슬람 국가들은 대규모 기간산업과 부동산 개발에 계속 투자하고 있다. 2011년 아랍의 봄 시민혁명 이후 불안을 느낀 중동의 각국 정부는 국민 복지를 위한 간접시설 확충에 더 많은 자금을 쏟아붓고 있다. 정부의 자금이 한계가 있기 때문에 이를 위해 대형 헤지펀드

두바이 이슬람은행   두바이 내셔널 뱅크

를 포함한 글로벌 기관 투자가들의 수쿠크 투자를 확대 유치하고 있다.

여기에 국제정치 상황도 이슬람 금융의 확대를 돕고 있다. 내전과 제재를 겪고 있는 리비아, 시리아, 이란, 이라크 등의 자본이 자국에서 이탈해 이슬람 금융으로 몰리고 있는 것이다. 또 우크라이나 사태로 미국과 유럽의 자금줄을 상실한 러시아도 최근 이슬람 금융에 눈독을 들이고 있다.

수쿠크 채권 열풍

수쿠크는 이슬람 금융상품 중 가장 큰 인기를 누리고 있다. 국제 신용평가사 무디스Moody's가 추정한 수쿠크 발행 총액은 2014년 말 기준으로 약 3,000억 달러다. 바레인 중앙은행이 2001년 수쿠크 국채를 첫 발행한 이후, 연간 발행 규모가 2002년 4억 달러에서 2014년 1,200억 달러로 빠르게 성장했다. 2015년 1월 신용평가업체 피치Fitch는 중동 지역의 탄탄한 재정과 경제 성장, 안전한 투자자산에 대한 수요가 겹치면서 그해 수쿠크 발행 규모가 사상 최대를 기록할 것으로 전망한 바 있다.

그동안 대부분의 수쿠크는 이슬람 국가가 현지 투자자를 대상으로 자국 통화로 발행했다. 그러나 이슬람 금융시장이 빠르게 커지면서 자금 조달 수단으로 수쿠크를 선택하는 정부와 기업이 늘고 있다. 사정이 이렇다 보니 이슬람 국가들 외에 영국 등 서방 국가도 이슬람 금융시장 선점에 총력을 기울이고 있는 것이다.

2002년 첫 수쿠크를 발행한 말레이시아 정부는 지리적·문화적 이점을 최대한 활용해 수쿠크를 중심으로 이슬람 금융을 핵심 사업으로 키우고 있다. 해당 전문 인력을 양성하고 면세 등의 다양한 혜택을 주는 정책을 펴고 있는 것이다. 여기에 2014년 영국을 시작으로 서방과 아시아 국가들이 수쿠크를 발행하면서 말레이시아의 위상에 도전장을 내밀고 있다.

다양성과 고수익성이 장점인 수쿠크

수쿠크는 다양한 형태로 발행된다. 바레인에 본부를 두고 있는 이슬람금융기관회계감사기구AAOIFI가 분류하고 있는 수쿠크의 종류만 해도 14가지다. 이는 기초자산의 종류에 따른 분류일 뿐이다. 1990년 말레이시아에서 다국적 기업 셸Shell이 처음으로 현대적 수쿠크 기법을 개발한 이래, 수쿠크는 계속 진화하고 있다.

거래 형태별로 보면 크게 두 가지로 나뉜다. 한 가지는 이자라 수쿠크Ijarah Sukuk다. 이자라 수쿠크는 부동산 등의 자산을 특수목적회사SPV에 임대한 후, 여기서 나오는 수익을 투자자들에게 배당금으로 지급한다. 실물자산을 담보로 거래하는 것이다. 원금은 실물자산을 채권자가 채무자에게 재매입하게 만들거나, 일반에 매각하는 방식으로 회수한다. 그리고 다른 한 가지는 무라바하 수쿠크Murabahah Sukuk다. 일종의 외상거래다. 증권 인수대금으로 취득한 자산을 차입자에게 전매하고, 전매차익을 투자자에게 지급하는 형태다. 주로 상품을 이용한다는 특징이 있다.

수쿠크는 고정적인 이자 개념 없이, 건물 등 기초자산의 처분 결과에 따라 수익을 나눠 갖는 방식이다. 따라서 시장 상황이 나빠져 투자자산의 가격이 하락하면 수익률이 뚝 떨어질 수도 있다. 하지만 투자은행들이 지난 10여 년간의 사례들을 분석한 결과, 수익률 변동폭이 우려만큼 크지 않다는 사실이 알려지면서 투자자들의 관심이 커졌다. 실물자산을 담보로 발행되기 때문에 투자 위험은 상대적으로 낮으면서, 수익률은 미국 국채 같은 안전자산에 비해 높다. 보통 2퍼센트가 넘는다.

간과할 수 없는 블루오션

금융 선진국들이 수쿠크에 관심을 가지고 본격적으로 사업에 뛰어드는 이유는 명확하다. 우선 중동의 막대한 자본을 유치하고자 하는 것이다. 중동의 국부펀드 규모만 해도 약 2조 달러에 달한다. 아랍에미리트, 사우디아라비아, 쿠웨이트, 카타르의 국부펀드는 이미 국제 금융시장에서 큰손으로 작동하고 있다. 미국과 유럽 그리고 아시아 지역에서 대규모 투자를 진행하고 있다.

금융 선진국들이 수쿠크에 관심을 갖는 또 다른 이유는 글로벌화된 금융시장에서 리스크를 분산하려는 목적도 있다. 2008년 리먼브라더스 사태에서 나타났듯이 한 국가의 금융위기가 전 세계를 뒤흔들 수 있기 때문에 자금 운용의 다변화에 나선 것이다. 그 주요 대상은 오일머니다. 유럽 국가들은 물론 남아공, 일본, 홍콩, 호주 등도 국내 세법 등을 고쳐 오일머니를 적극적으로 유치하기 시작했다.

우리 정부도 한때 이슬람 금융 도입을 시도했었다. 자금 공급선을 다변화하고, 중동 진출 시 다양한 금융기법을 활용하기 위해서였다.

2009년 기획재정부는 수쿠크의 수익도 정부나 은행 혹은 기업이 발행한 채권처럼 이자 소득으로 간주해 법인세를 면제하는 내용의 조세특례제한법 개정안을 국회에 제출했다. 수쿠크 채권을 발행하는 과정에서 '부동산 자산의 매매'가 이루어지고, 특수목적회사라는 '법인'이 등장함에 따라 취득세, 등록세, 법인세, 부가가치세 등의 세금이 함께 적용되기 때문에 이슬람 금융 도입을 위해 이를 면제하자는 내용이었다. 그러나 당시 기독교계와 일부 정치권의 반대로 법 제정이 수포로 돌아갔다.

크게 다음 세 가지 이유에서였다. 첫째, 수쿠크에 대해서 과세 특혜를 주는 것은 이슬람 투자자에게만 특혜를 주는 것으로 다른 금융상품과의 형평성에 문제가 된다는 것이었다. 둘째, 이슬람 자금을 도입하는 국가에서는 '샤리아위원회'를 반드시 설치해야 하는데, 이것이 국내법과 충돌할 수 있고, 또 이 기구가 이슬람 포교의 전초기지가 될 것이라는 우려 때문이었다. 셋째, 이슬람 금융은 수익의 2.5퍼센트를 자선단체에 기부하도록 규정하고 있기 때문에 이 자금이 테러단체로 유입될 가능성이 있다는 것이었다.

그러나 21세기 전반에 걸쳐 핵심적인 에너지 자원인 석유 및 가스를 바탕으로 한 중동 경제와 이슬람 금융은 앞으로도 급성장할 것이다. 블루오션이라는 말도 나오고 있다.

중동 투자방식 변화의 중심, 만수르와 알-왈리드

과거 중동의 부호는 흔히 졸부로 여겨졌다. 서방의 부동산 및 자본시장에 장기 투자하여 안전한 수익을 보장받으며, 자가용 비행기를 타고 유럽으로 건너가 명품 쇼핑이나 즐기는 사람들로 여겨진 것이다.

그러나 21세기에 들어서면서 중동의 투자방식도 크게 달라지고 있다. 예전의 무계획적이고 산만한 투자에서 벗어나 집중적이고 조직적인 투자로 바뀌고 있다. 이를 위해 산유국들은 풍부한 오일머니를 국부펀드로 조성하고 있다. 국내 투자는 물론 해외의 부동산과 기업을 사들이는 등의 투자에도 나서고 있다. 다른 나라에 비해 상대적으로 제조업 역량이 미약한 중동 국가들은 이제 자본을 미래의 전략산업으로 적극 활용하고 있다. 이 중심에 한 개그 프로그램에서 '억수르'로 등장했던 아랍에미리트의 셰이크 만수르 빈 자이드 알 나흐얀Sheikh

Mansour Bin Zayed Al Nahyan과 사우디아라비아의 알-왈리드 빈 탈랄 빈 압둘아지즈 알 사우드Al-Waleed bin Talal bin Abdul Aziz Al Saud가 있다.

성지의 모습도 바꾸는 오일머니

  자본력을 바탕으로 한 중동의 변화는 우선 외형적으로 잘 나타난다. 이를 대표하는 것은 다름 아닌 건설 붐이다. 1970~80년대 우리나라의 수많은 근로자들이 중동의 건설현장에서 일했다. 유가가 급등하면서 석유를 수입해야 하는 우리의 처지에서, 당시 중동의 건설 붐은 부족한 외화를 보충해주는 단비와 같았다. 이후 우후죽순 들어서는 고층빌딩들은 사막의 지형을 완전히 딴판으로 바꾸고 있다.

  잘 알려진 두바이뿐만이 아니다. 다른 보수적인 나라들에서도 넘치는 오일머니를 이용해 대규모 개발 사업을 벌이고 있다. 전 세계 약 16억 무슬림의 최대성지인 사우디아라비아의 메카도 개발 붐으로 몸살을 겪고 있다. 무슬림들은 하루에 다섯 번 메카를 향해 예배를 드리고, 또 일생에 한 번은 의무적으로 성지순례를 해야 하는데, 그 목적지가 바로 메카 내에 있는 '알-하람 성원Masjid al-Haram'이다.

  알-하람 성원은 약 1,400년의 이슬람 역사를 한눈에 볼 수 있는 최대 유적이지만, 최근 몇 년 사이 개발 붐으로 인해 모습이 망가지고 있다. 알-하람 성원 바로 옆에 위치한 아브라즈 알-바이트Abraj al-Bait

위 성지 메카의 알-하람 성원 옆에
건설되고 있는 아브라즈 알-바이트
가운데 사우디 수도 리야드의 킹덤 타워
쇼핑몰 내부
왼쪽 아래 사우디 제다 시내 거리의 조형물
오른쪽 아래 사우디 제다 저택의 실내

거대 쇼핑 단지 때문이다. 약 20억 달러가 투입된 이 초호화판 쇼핑 단지의 총면적은 150만 제곱미터나 된다. 다양한 상품을 파는 쇼핑몰과 높이 485미터, 76층의 호텔도 들어섰다.

이에 대해 일부 이슬람 보수주의자들은 신성한 알-하람 성원이 아닌 이 쇼핑 단지가 메카의 상징이 될 수 있다며, '메카가 라스베이거스화되고 있다'고 개탄하고 있다. 또한 '메카를 방문하는 사람들이 신성한 종교적 감흥을 얻는 대신 서구화한 호화판 조명과 장식을 보고 감탄한다면 이는 재앙이다'라며 이 프로젝트를 허용한 사우디 정부를 비난하고 있다. 그런데 이 쇼핑 단지는 총 150억 달러에 달하는 메카 내 여러 프로젝트 중 하나일 뿐이다. 지난 10년 동안 완공되거나 진행 중인 메카 내 고층건물 수만 130개에 달한다.

중동 자본력의 상징, 국부펀드

중동의 자본력은 막강한 국부펀드로 상징된다. 중동 산유국은 그동안 석유 수출을 통해 벌어들인 오일머니를 국부펀드로 조성해왔다. 왕정의 안정을 위한 정치자금인 동시에 미래의 먹을거리를 창출하기 위한 시드머니로 활용하고 있는 것이다. 중동 국가들은 지난 30년 동안 석유에 의존하는 경제구조를 개선하기 위해 많은 노력을 펼쳐왔지만 서비스업을 제외하고는 큰 성과를 거두지 못했다. 특히 제조업 분

중동 주요국의 국부펀드 현황(2016년 3월 기준, 단위: 억 달러)

국가명	국부펀드 · 투자기관명	규모	주요자금원	설립 연도
아랍에미리트-아부다비	Abu Dhabi Investment Authority	7,920	원유	1976
사우디아라비아	Saudi Arabian Monetary Agency	5,984	원유	불분명
쿠웨이트	Kuwait Investment Authority	5,920	원유	1953
카다르	Qatar Investment Authority	2,560	가스	2005
아랍에미리트-두바이	Investment Corporation of Dubai	1,830	원유	2006
사우디아라비아	Public Investment Fund	1,600	원유	2008
아랍에미리트-아부다비	Abu Dhabi Investment Council	1,100	원유	2007
아랍에미리트-아부다비	International Petroleum Investment Company	663	원유	1984
아랍에미리트-아부다비	Mubadala Development Company	663	원유	2002

출처: SWFI Fund Rankings, www.swfinstitute.org/sovereign-wealth-fund-rankings

야에서는 민간의 참여 저조로 큰 성과를 거두지 못했다. 이런 상황에서 산유국들은 자본을 이용한 국내외 투자를 향후 전략산업으로 택하고 있다. 즉, 자본으로 이윤을 창출해 먹고살겠다는 복안이다.

특히, 21세기부터는 투자의 다변화를 본격적으로 꾀하고 있다. 9·11테러 이후 서방과의 관계가 냉랭해지면서 대부분의 산유국들이 국부펀드의 강화와 적극적 투자 다변화에 나서고 있는 것이다. 그동안 사우디아라비아 등 중동 산유국의 오일머니는 대부분 중앙은행으로 들어가고 일부는 왕실 재산으로 관리되어왔다. 그리고 중앙은행은 주로 미국 국채에 보수적으로 투자해왔다. 그러나 이제는 국부펀드의 투자 수익을 원유 수출에 이어 제2의 수입원으로 삼고 있다. 이런 상황에서 중동의 싱크탱크들은 석유가 고갈되면 투자 수익이 중동의 가장 중요한 수입원이 될 것이라고 말하고 있는 상황이다.

중동 산유국들은 다른 중동 국가나 서방에 국한되지 않고 적극적인 해외 투자에 나서고 있다. 중국, 인도, 인도네시아 등 아시아에 대한 투자도 진행 중이다. 중동의 국부펀드는 우리나라와도 무관하지 않다. 사우디아라비아의 아람코Aramco는 이미 수십 년 전에 우리나라에 투자해 2016년 기준으로 에쓰오일의 지분 63퍼센트 이상을 확보한 상태다. 매년 막대한 배당금을 챙겨가고 있다. 아부다비투자청ADIA은 2014년 8월 서울 남산스테이트타워를 5,300억 원에 인수했다. 두바이투자청은 2015년 3월 쌍용건설을 인수한 바 있다.

아랍의 워런 버핏, 알-왈리드 왕자

그중 앞서 잠깐 소개한 사우디의 알-왈리드 왕자와 아랍에미리트의 만수르 왕자는 국부펀드를 중심으로 한 중동 대외 투자의 두 큰손이다. 미국의 시사주간지 〈타임Time〉이 1997년 '아랍의 워런 버핏'이라고 명명한 알-왈리드 왕자는 현재 중동에서 가장 뛰어난 투자자로 인정받고 있다. 그는 2008년부터 매년 〈타임〉지 선정 '전 세계에서 가장 영향력 있는 100대 인물'에 이름을 올리고 있다. 2013년 12월 두바이의 경제 전문지 〈아라비안 비즈니스〉는 알-왈리드 왕자가 '아랍에서 가장 영향력이 큰 인물'이라고 평가했다. 그가 1980년 창립해 95퍼센트의 지분을 보유하고 있는 킹덤홀딩스KHC는 20년도 안 되어 세계적 투자회사로 부상했다. 자산 규모가 180억 달러에 이른다. 〈포브스〉지 선정 글로벌 200에 들어가는 대기업이다. 씨티그룹의 최대 주주이며 펩시콜라, 애플, 트위터, 타임워너 등 다양한 유망 다국적 기업에 거액을 투자하고 있다.

사우디 왕족 출신이지만 알-왈리드 왕자는 소위 성골은 아니다. 레바논 출신 어머니는 알-왈리드가 일곱 살 때 이혼했다. 그는 주로 레바논에서 자랐고, 사우디에서 군사학교를 다닌 후 미국에서 유학했다. 캘리포니아 멘로Menlo대학에서 경영학 학사를, 뉴욕의 시러큐스Syracuse대학에서 사회과학 석사를 받았다. 이후 사우디로 귀국한 그는 왕족임에도 불구하고 건설회사를 창업하면서 사업가의 길을 택했다. 이후 과감하고 장기적인 투자를 통해 자본금을 불렸다. 1991년 씨티그룹의 핵심인 씨티코프에 5억 달러를 투자해 자산을 10억 달러로 불린 것이 그 대표적인 사례다.

알-왈리드 왕자는 아랍은 물론 중동권에서도 '공개된' 최고 부자다. 산유국 국왕들의 재산은 통계에 잡히지 않고 있기 때문에 '공개된' 최고 부자라고 말하는 것이다. 저평가된 사우디의 주식시장을 고려하면, 알-왈리드 왕자는 약 300억 달러의 개인자산을 가진 것으로 평가되고 있다. 또 그는 세계 20대 부호 중에서도 가장 많은 자동차를 가지

고 있는 인물이다. 2007년 11월 아랍에미리트에서 열린 '두바이 에어
쇼 2007' 행사장에서는 유럽 에어버스의 야심작인 A-380 VIP 버전을
현장에서 수표를 꺼내 구입했다. 가격은 3억 1,900만 달러. 그는 세계
에서 가장 크고 비싼 '날아다니는 궁전'으로 불리는 '슈퍼 럭셔리 항공
기'의 첫 고객이 됐다.

　　알-왈리드 왕자는 현재 시가 1억 달러에 달하는 궁전에서 가족과
살고 있다. 317개의 방은 1,500톤에 달하는 이탈리아 대리석으로 장식
되어 있으며, 욕실의 수도꼭지는 순금 도금이다. 그의 궁전에는 아랍,
유럽, 아시아, 중동 요리와 디저트를 각각 담당하는 5개의 부엌이 있
고, 요리사만 해도 수십 명이다. 한 시간 전에 지시가 내려오면 2,000명
이 동시에 식사할 수 있다고 한다.

축구팀에도 투자하는 만수르 왕자

　　우리에게 아랍에미리트의 만수르 왕자 이름이 익숙해진 것은, 그
가 2008년 영국 프리미어리그의 맨체스터시티의 구단주가 되면서다.
그는 빚에 허덕이던 구단을 약 3,750억 원에 인수해 두 배가 넘던 부채
를 탕감했다. 이후 선수 영입에 약 1조 원을 투자했다. 이후 맨체스터시
티는 2011-12, 2013-14 시즌에서 우승을 차지했다. 적자는 지속됐지
만, 그는 관중석을 온열좌석으로 바꾸고 팬들의 이동을 돕기 위해 모노

레일도 설치했다. 이런 통 큰 투자에 그의 이름은 전 세계 여러 포털사이트에서 1위를 차지했고, 그 인기가 우리나라에까지 전해졌다.

왕실의 최고 가문에서 태어난 셰이크 만수르는 현 아랍에미리트 아부다비 지도자 칼리파의 동생이다. 그는 27세에 아랍에미리트 대통령 실장으로 임명되고 35세에는 684억 달러를 운용하는 국제석유투자공사IPIC의 사장이 되었다. 39세에는 부총리가 되어 아부다비의 2인자로서 활동하고 있다.

그의 가문은 2015년 기준 7,730억 달러 규모로 세계 최대 국부펀드인 아부다비투자청을 실질적으로 운용하고 있다. 아부다비의 다른 국부펀드까지 합치면, 셰이크 만수르는 약 1조 달러에 달하는 국부펀드 운용에 관여하고 있다. 또 석유가 고갈되는 시기를 대비해, 시티그룹, 바클레이스은행, 다임러, 페라리 등의 외국 회사 지분은 물론, 수익용 부동산을 대규모로 매입하고 있다.

2014년 하반기부터 기준유가가 크게 하락한 상황이지만, 그동안 축적된 중동의 오일머니는 여전히 역내외 기업과 부동산 쪽에 몰리는 경향이 지속될 것이다.

두바이 신드롬,
그 후

여러 번 말했듯이 석유 수출로부터 나온 오일머니를 사치스럽게 펑펑 쓰는 중동의 이미지는 이제 과거 이야기다. 중동 국가들은 이미 1990년대부터 변화하기 위해 적지 않은 노력을 기울이고 있다. 대부분의 중동 국가들은 산업다각화diversification 정책을 추진하고 있다. 서비스업과 제조업에도 많은 투자를 아끼지 않겠다는 것이다. 석유에만 의존해서는 미래가 불확실하다는 것을 중동 정부와 국민들도 너무나 잘 알고 있기 때문이다.

특히 2011년 아랍의 봄 이후 정치 상황이 바뀌면서 중동 각국 정부는 더욱 지속 성장이 가능한 산업 인프라 투자에 열을 올리고 있다. 이 과정에서 중동 변화의 모델 역할을 하고 있는 곳이 두바이다. 2008년 금융 위기 이후 어려운 상황에 처하기도 했지만, '두바이의 개벽'은 중동의 다른 국가들에 미래의 개발 모델을 제시하고 있다.

왼쪽 두바이의 세계 최고층 빌딩 부르즈 칼리파
오른쪽 두바이의 세계 최고급 호텔 부르즈 알-아랍의 로비

사막을 보는 다른 시각

끝없이 펼쳐진 황량한 사막을 바라보는 시각은 크게 둘로 나뉜다. "이렇게 뜨겁고, 물도 없는 곳에서 어떻게 살아. 빨리 벗어나야지." 많은 사람이 이렇게 말한다. 이런 생각은 수천 년 동안 이 사막을 배경으로 살아온 중동의 유목민 정신에 남아 있다. 전용 비행기를 타고 뜨겁기만 하고 볼 것 없는 사막을 벗어나 시원한 유럽 등지에서 돈을 펑펑 써온 중동 산유국의 왕족 대다수가 이 부류에 속한다. 그 결과 지난 40여 년긴 석유를 팔아 벌어들인 수십조 달러의 오일머니를 가지고도 경제적 발전을 이루지 못했다.

그런데 다른 생각을 하는 사람들도 있다. "끝없이 펼쳐진 이곳에 꿈의 도시를 개발해볼까." 사막이라는 도화지 위에 그림을 그리듯 인간이 상상할 수 없는 프로젝트를 실행하고 있는 두바이와 그 지도자가 이 부류에 속한다. 두바이의 기적은 이렇게 시작됐다. 아랍에미리트의 7개 토후국 중 하나인 도시국가 두바이. 제주도의 두 배에 불과한 작은 면적, 낙타도 헉헉거리는 열사의 땅 그리고 약간의 석유 외에는 자원도 거의 없는 작은 사막국가. 이런 악조건 속에서 두바이는 모래바람이 날리는 하늘을 향해 치솟는 828미터의 세계 최고층 빌딩을 짓고, 바다에는 세계 최대의 인공 섬을 건설했다. 이 대추야자 나무 모양의 인공 섬에는 최고급 호텔은 물론 놀이공원과 고급아파트 그리고 수영장과 개인 해변을 가진 빌라가 늘어서 있다.

단순히 외형만 바꾼 것이 아니다. 두바이는 석유 자원 고갈이라는 예고된 재앙에 대비해 혁신적인 국가 생존 전략을 세웠다. 엄격한 이슬람 전통, 권위주의적 왕정 등의 중동 이미지를 벗어던지고 실리를 위해 전통도 포기하는 개혁을 단행한 것이다. 그리고 이 두바이를 벤치마킹한 개발 사업이 이미 중동 전역에서 잇따르고 있다. '두바이 신드롬'이다. 사우디아라비아, 아랍에미리트, 카타르 등 걸프 산유국들은 두바이가 이미 실행한 허브산업과 관련된 많은 프로젝트를 구상하고 또 실행하고 있다. 2013년 기준으로 중동 6개 산유국에서 진행 중이거나 곧 착수할 프로젝트의 규모는 1조 2,000억 달러를 넘어섰다. 상당수가 두바이에서 이미 진행된 사업들과 유사한 것들이다.

위쪽 위 **두바이 쇼핑몰 내 폭포**

오른쪽 위 **두바이 인공 섬 알-주마이라에 들어선
초대형 호텔 아틀란티스 전경**

오른쪽 가운데 야자수로 둘러싸인 아틀란티스 호텔

왼쪽 가운데 **두바이의 실내 스키장**

오른쪽 아래 냉방시설이 완비된 두바이의 버스정류장

왼쪽 아래 **돼지고기가 있는 두바이 호텔.** 개방과
실용주의의 상징이다.

두바이의 개벽에 가장 먼저 반응을 보인 나라들은 단연 주변 국가들이다. 대부분 산유국인 사우디, 쿠웨이트, 카타르 등은 애써 두바이의 발전을 평가절하하기까지 했다. '남의 돈으로 하는 개발' 혹은 '분명한 한계가 있는 도시국가 모델'이라는 평가를 내놓았던 것이다. 더불어 중동 그리고 이슬람 전통을 서구적인 가치로 바꿔버린 두바이를 두고 '지나친 개방'이라며 비난했다. 그러나 이런 시기와 비난의 화살을 날리면서도 내심 부러움을 표해왔다. 그리고 두바이의 성장 노선을 조심스레 따라 하고 있다.

가장 먼저 그리고 적극적으로 추격하고 있는 곳은 다름 아닌 두바이가 속한 아랍에미리트 내 아부다비다. 아부다비투자청은 수년 전부터 70~80퍼센트였던 해외 투자 비중을 60퍼센트대로 낮추고, 나머지를 국내에 투자하는 정책을 실행하고 있다. 두바이 모델을 아부다비에도 적용하기 위해서다. 또 27억 달러를 투자해 8만 평 규모의 해상 레저 단지인 '사디야트Sadiyat 섬' 개발을 진행 중이다. 섬에는 29개의 호텔, 1,000척의 요트를 세울 수 있는 항구 세 곳, 박물관, 문화센터, 골프 및 레저 시설 등이 건설되고 있다. 이들은 10년 안에 다른 지역에도 호텔 100개를 짓는다는 계획도 발표했다.

아부다비는 두바이와의 차별화를 위해 제조업 투자에도 큰 관심을 가지고 있다. 기간산업과 이와 관련한 인프라에 투입될 자본이

1,000억 달러에 달한다. 새 공항과 항만, 산업단지 30개를 건설하고 있다. 특히 석유화학공업과 중공업 중심의 대규모 산업단지에 투자를 아끼지 않고 있다.

주변의 다른 걸프 산유국인 카타르, 쿠웨이트, 오만, 바레인에서도 이미 두바이를 따라잡기 위한 본격적인 대형 프로젝트들이 진행 중이다. 먼저 카타르는 110억 달러를 들여 두바이에 버금가는 관광 및 고급 주거 단지 건설 계획을 추진하고 있다. 이를 위해 신공항 건설에만 50억 달러를 쏟아붓고 있고, 인공 섬 펄-카타르Pearl-Qatar 건설에도 25억 달러를 들이고 있다. 1만 6,000가구의 고급 아파트와 요트 선착장 그리고 호텔이 이 인공 섬에 들어서고 있다. 뿐만 아니라 카타르는 국제 금융센터 조성을 추진하면서 두바이를 본떠 100퍼센트 외국인 지분과 무제한 외환 송금을 허용키로 했다.

왼쪽 최근 두바이를 추격 중인 카타르 수도 도하의 모습
오른쪽 쿠웨이트에서 진행중인 석유화학단지 건설 현장

쿠웨이트는 석유화학시설에 집중하고 있다. 중화학공업 육성으로 두바이와 약간의 차별점을 두고 있다. 오만은 물류시설과 부동산 개발에 엄청난 투자를 진행하고 있다. 1980년대와 90년대 중동의 금융 중심지였던 바레인도 금융 인프라를 정비해 오일머니가 되돌아오도록 안간힘을 쓰고 있다. 더불어 두바이처럼 30억 달러를 투자해 해안에 13개의 인공 섬을 만들어 초호화 리조트 단지를 꾸밀 계획이다.

이슬람 종주국의 변신 노력

두바이의 움직임에 걸프 최대 산유국인 사우디아라비아도 변화를 추구하는 모습이다. 수십 년간 세계 최대 산유국이었던 사우디는 정부 지출을 소비에서 투자로 전환하는 중이다. 가장 엄격한 이슬람 국가도 결국 미래를 위해 서서히 문을 열고 있는 것이다. 2005년 12월 두바이 부동산 개발업체 이마르Emaar와 사우디 건설업체가 참여한 컨소시엄은 '킹 압둘라 경제도시'를 착공했다. 사우디 사상 최대 프로젝트로 266억 달러의 공사비가 투입된다. 사우디 서부 홍해 연안 항구도시 제다에서 약 100여 킬로미터 북쪽에 위치한 이곳에는 곧 최첨단 자유무역항과 산업도시가 들어설 전망이다. 사우디도 두바이와 같은 자유무역도시를 건설해 개방에 나서고 있는 것이다.

제2의 도시이자 최대 상업도시인 제다에서는 약 100억 달러를 투입하는 '제다 힐Jeddah Hill' 신도시 프로젝트도 추진 중이다. 고급 빌라 2만 채를 지어 항구도시 제다를 관광도시화하겠다는 취지다. 세계 최고층 건물 건설도 한창 진행 중이다. 2020년 완공 목표로 현재 건설 중인 제다 타워Jeddah Tower가 그것이다. 관광객을 불러들이고 사우디의 자존심을 회복하기 위해시다.

최종 높이는 아직까지 비밀에 부쳐지고 있지만 지상 168층의 초고층 빌딩에 첨탑이 추가되면 1,000미터 이상이 될 것이 확실하다. 원래 계획은 1마일, 약 1.6킬로미터 높이를 구상했었지만 기술문제로 계획을 축소했다. 공식 발표된 계획에 따르면 전체 높이는 1,008미터로, 연면적은 약 32만 제곱미터다. 1조 3,000억 원이 투입된 이 공사가 계획대로 완료되면, 2016년 초 기준으로 세계 최고층인 두바이의 부르즈 칼리파보다 180미터 더 높은 건물이 등장하게 된다. 세계에서 가장 높은 전망대도 문을 열게 될 것이다. 제다 타워에는 포시즌호텔과 아파트, 사무실, 콘도 등이 들어설 예정이다.

사우디 정부는 또 수도 리야드에서 북쪽으로 700여 킬로미터 떨어진 오아시스 지역 하일Hail에 향후 10년에 걸쳐 80억 달러를 투입해 경제 신도시를 건설하겠다는 계획을 발표했다. 또 서북부의 메디나 인근 지역에서는 지식경제도시 프로젝트가 추진 중이다. 친환경 신도시를 건설해 전 세계로부터 지식기반 산업과 인력을 유치한다는 계획이다. 이 사업에 투입되는 비용만 해도 1,100억 달러가 넘는다. 사우디 정부는 메디나 외에도 다른 지역 5곳에 유사한 산업도시 건설을 추진하

왼쪽 사우디 제다의 제다 타워.
높이 1,008미터 이상 예상
오른쪽 위 제다 타워의 일부 모습
오른쪽 아래 사우디 수도 리야드의 야경.
최근 고층 건물이 계속 들어서고 있다.

고 있다. 2020년경에 산업도시 6곳이 완공되면 500만 명을 수용할 수 있는 주택이 들어서고 100만 개의 일자리가 창출될 전망이다.

사우디는 이외에도 석유화학을 국가 기간산업으로 지정해 대규모 투자를 단행하고 있다. 사우디 정부는 이미 2004년에서 2009년까지 석유화학산업육성 5개년 계획을 수립하고, 약 900억 달러를 투자했다. 정부가 투자를 책임지는 관행에서 벗어나 외국인 투자도 적극 유치하고 있다. 엑손모빌, 셸, 미쓰비시, 셰브론 등 외국 기업과의 합작 사업이 총투자액의 70퍼센트를 차지한다. 시장 개방과 계획적 투자를 통해 사우디 정부는 향후 전 세계 석유화학제품 공급시장의 15퍼센트를 장악하는 것을 목표로 하고 있다.

2016년 4월에는 서열 2위의 왕위 계승자이자 현 국왕의 아들 무함마드 빈 살만Muhammad bin Salman이 '비전 2030'을 발표했다. 최대 국영기업 아람코를 주식시장에 상장하고 지분의 5퍼센트를 매각해 국부펀드 2조 달러를 조성하겠다는 구상이다. 또 다양한 산업에 투자해 2020년까지 석유에 의존하지 않는 경제구조를 구축하겠다고 강조했다. 이를 통해 사우디아라비아를 아랍과 이슬람 세계의 중심, 투자의 본산, 아시아와 아프리카, 유럽을 잇는 허브로 만들겠다고 천명했다.

사우디는 국가경쟁력 강화에 필수적인 인적 자원 개발을 위한 투자도 확대하고 있다. 지나치게 많은 외국인 노동자를 자국 인력으로 대체하기 위한 것으로 자국민의 기술수준을 높이기 위한 기초교육과 직업훈련 프로그램을 강화하고 있다. 이를 위해 사우디는 아랍권 최고의 기술 인력을 양성한다는 목표를 세우고, 과학기술대학인 카우스트KAUST, The King Abdullah University of Science and Technology를 설립했다. 2008년 9월 문을 연 이 대학 학생들의 학비와 교재비는 물론 생활비까지 사우디 정부가 부담한다.

중동이 빠르게 바뀌고 있다. 원자재 수출에서 수입 대체 산업 육성으로 그리고 소비에서 생산 중심으로 경제 체질도 바꿔나가고 있다. 시민사회도 점차 생겨나고 있고, 의회 제도를 도입하는 왕정 국가들도

사우디에서 우리나라 업체가 건설 중인 석유화학시설

있다. 의사결정 과정도 점차 투명해지고 있다. 따라서 과거, 인맥을 통해서 프로젝트를 수주하던 우리의 중동 진출방식도 바뀌어야 한다. 기술과 가격 경쟁력을 가지고 고부가 가치 플랜트 수주와 제조업 및 서비스업 협력에도 집중할 시점이다.

급부상하는 할랄식품 산업

2015년 3월 박근혜 대통령의 중동 순방 직후 할랄식품 산업에 대한 관심이 고조됐다. 박 대통령이 아랍에미리트 환경수자원부 및 표준측량청과 '농업 및 할랄식품 협력' 업무협약MOU을 체결하면서다. 건설 및 플랜트 수주 혹은 제품 수출이라는 중동과의 기존 경제 협력의 틀을 뛰어넘어 농업 및 할랄식품으로까지 그 분야를 확대했다는 점이 긍정적으로 평가받았다.

관련 업계에서는 당시 MOU를 계기로 할랄식품 수출이 2014년 6.8억 달러에서 2017년에는 12.3억 달러로 두 배 가까이 증가할 것으로 전망했다. 중동 할랄식품 시장의 허브인 아랍에미리트와 상호협력을 강화하면서 우리 농식품의 시장 진출을 위한 교두보를 확보했다는 평가도 나왔다.

허용된 음식, 할랄식품

할랄hala은 '허용된 것'이라는 뜻의 아랍어다. 이슬람법 샤리아의 용어로서 무슬림들의 삶 전반에 걸쳐 허용되는 것을 포괄한다. 이슬람법은 결혼, 경제, 형벌 등 일상생활 전반에 대한 명확한 기준을 규정하고 있다. 법이 명시한 규정에 따라 허용되는 것이 할랄이고, 이와 반대로 금지되는 것은 하람haram이다. 술, 돼지고기, 도박, 고리대금, 마약, 배교, 개종, 혼외정사 등은 모두 하람이다. 왼손으로 음식을 먹는 것도 금지되어 있다. 성별에 따라 구분되는 것들도 있다. 여성에게는 금과 비단옷이 허용되지만, 남성에게는 금 장신구와 비단옷이 금지된다. '하람'이라는 말을 듣는다면 무언가 행동을 잘못하고 있다는 뜻이다.

이슬람법은 무슬림이 섭취하는 식품 및 약품 그리고 신체에 바르는 약품과 화장품의 재료에 대해서도 명확한 구분을 두고 있다. 무슬림들이 소비할 수 있는 상품을 할랄제품이라고 하는데, 주로 소비 속도가 빠른 비내구성 소비재Fast Moving Consumer Goods, FMCG다. 이 중에서 식음료품을 국한해 할랄식품이라고 칭한다. 또 육류, 가공 식음료품, 동물 사료, 원료 및 첨가제 등이 할랄 대상에 포함된다. 최근 새로운 산업으로 부상하고 있는 할랄식품산업 발전을 위해 이슬람에서 금지된 음식을 명확히 구분할 필요가 있다.

음식의 경우 채소, 과일, 곡류, 해산물은 할랄 대상이 아니어서 자유롭게 섭취하거나 유통할 수 있다. 육류는 이슬람식으로 도축된 양·

왼쪽 사우디 전통음식인 양고기 만사프
오른쪽 위 양고기 구이요리
오른쪽 아래 터키 대중식당에 진열된 음식

소·닭고기를 할랄식품으로 인정한다. 이슬람식 도축이란, 도축 시 예배를 드리고, 가축의 고통을 최대한 줄여 숨을 끊어주는 것이다. 가장 중요한 것은 가축을 도축할 때 '비스밀라 Bi Ism Allah'(알라의 이름으로)라는 말을 하는 것이다. 창조주만이 피조물의 목숨을 결정지을 수 있고, 피조물인 인간이 다른 피조물인 가축의 생명을 앗아갈 권한이 없기 때문에 알라의 이름으로만 도축할 수 있다는 것이다. 자연사로 죽은 동물, 이슬람에서 허용하지 않은 방식으로 도축된 가축, 돼지고기, 그리고 피, 비계와 내장 등은 섭취를 금지한다. 무슬림들에게는 할랄 고기만 제공해야 한다.

이슬람법에는 '독이 없고 정신을 혼미하게 하지 않아야 하며 위험하지 않아야 한다'는 이른바 3무無 원칙이 있다. 알코올이나 돼지고기, 피 등이 조금이라도 들어가면 '할랄인증'을 받을 수 없다.

대표적인 금지 육류는 돼지고기다. 구약성서에도 먹을 수 있는 짐승과 예외적으로 먹어서는 안 될 짐승들이 여럿 나열되고 있는데, 돼지도 그 가운데 하나다. 구약성서에서와 마찬가지로 쿠란에서도 돼지고기는 금기 식품이다. 돼지고기를 금기시하게 된 이유로는 돼지의 더러운 습성과 불결한 식습관 때문에 돼지고기를 먹는 것 자체를 금했다는 설과, 선모충에 감염될 위험 때문에 돼지고기를 금했다는 설이 있다. 일부 중동 사람들의 경우 술은 마시기도 하지만, 돼지고기는 절대 먹지 않는다. 종교적인 이유도 있지만 일단 '더럽다'고 생각하기 때문이다. 엄격한 무슬림들은 돼지고기가 조리 과정에서 그릇이나 냄비, 식칼과 도마 등의 조리 기구에 닿을 수 있다는 가능성 때문에 일반 식당에 가지 않고 무슬림 전용식당에 간다.

왜 갑자기 할랄식품?

이슬람법에서 할랄과 하람을 구분하고 있지만, 이 규정이 중동에서 엄격히 적용되어왔다고 보기는 어렵다. 물론 절대다수의 중동인들이 돼지고기를 먹지 않는다. 그러나 19세기 유럽의 식민지로 전락하면서 100여 년 이상 서양 문화의 영향을 받은 탓에 술을 마시고 술집에 드나들고 혼외정사를 하는 사람들도 적지 않다. 이처럼 중동인들은 사회적으로 더럽다는 인식이 박힌 돼지고기와 마약, 술 등을 제외하면 세부적인 할랄과 하람 구분에 크게 개의치 않고 살아왔다.

화장품이 그 한 예다. 그동안 중동의 대형 쇼핑몰에는 알코올이 들어간 향수와 스킨로션이 문제없이 팔렸다. 아직도 이런 성분을 담고 있는 상당수의 화장품들이 진열대에 버젓이 놓여 있다. 은행도 마찬가지다. 이슬람법은 고리대금 및 이자를 금지하고 있지만 중동의 은행 대부분은 서구식 금융시스템을 따르고 있고, 예금에 대한 이자도 지급한다. 대부분의 예금상품이 우리나라나 서방 국가보다 높은 이자를 지급한다. 물론 지난 20여 년 사이 중동에서 이슬람 금융이 등장하면서, 지금은 약 10퍼센트 정도의 은행이 이슬람법에 의거해 이자를 지급하지 않고, 대신 이윤이라는 명복으로 배당을 준다. 하지만 사실상 이자와 같은 방식으로 지급된다.

그런데 지난 10여 년 전부터 일부 이슬람 국가가 할랄인증제도를 강화하기 시작했다. 대표적인 국가가 동남아시아의 말레이시아와 인도네시아다. 할랄산업에 대한 장려정책을 추진하면서, 인증 절차를 강화하고 있는 것이다. 말레이시아는 2012년부터 정부기관인 이슬람개발부JAKIM를 공식 할랄인증기관으로 지정하고, 모든 수입 및 수출 그리고 유통되는 음식과 식재료에 대해 인증을 받도록 규정하고 있다. 인도네시아도 무슬림협회MUI를 공식 인증기관으로 지정하고 유사한 조

인도네시아 수도 자카르타의 글로벌 할랄센터　　말레이시아 정부가 운영하는 할랄식품 전시관

치를 취하고 있다.

　하지만 중동을 포함해 아직 상당수 이슬람 국가가 위의 두 나라처럼 엄격한 인증 체제를 구축하지 않은 상황이다. 중동에서는 그나마 아랍에미리트가 가장 앞서 나가고 있고, 다른 나라들은 이제야 서서히 할랄인증시스템과 관련 기관을 신설 혹은 정비하고 있는 상황이다.

　궁극적으로는 이들 선도국가들이 할랄식품을 비즈니스화하고 있다고 볼 수 있다. 자국의 산업을 보호하고 자국 제품의 다른 이슬람 국가 수출을 확대해나가기 위해 무역장벽을 높이는 조치라고도 볼 수 있다. 또한 인증시스템을 이용해 세수를 확충하고 외국 기업의 진입장벽을 높이려는 의도도 담겨 있다. 대부분의 무슬림들이 이슬람식으로 엄격하게 가공한 식품과 음료수가 제공된다는 것에 대해 반대하지 않는다는 것을 이용한 사업 구상이다.

하지만 무슬림들조차도 아직 할랄제품에 대한 명확한 인식이 부족한 상황이다. 말레이시아의 한 컨설팅회사가 2014년 실시한 조사에 따르면, 일반 무슬림들의 할랄 인식이 육류의 경우에는 90퍼센트 이상으로 높게 나왔지만, 가공식품의 경우에는 40~64퍼센트, 의약품은 24~30퍼센트, 화장품은 18~22퍼센트 정도에 그쳤다. 이마저도 국가에 따라 상당히 다른 것으로 조사됐다. 예를 들어 말레이시아와 인도네시아에서는 최근 할랄 생수를 만들어 수출하고 있지만, 사우디 사람들은 왜 물까지 할랄인증마크가 필요한지에 대해 의아해하고 있는 상황이다.

약 2조 달러 규모의 시장

아직은 초기 단계라고 할 수 있지만, 어쨌든 할랄제품 시장은 최근 급성장하고 있다. 시장조사 전문업체인 톰슨로이터의 2015년 분석에 따르면, 전 세계 할랄제품 시장은 2012년 기준 1조 6,000억 달러였지만, 2018년에는 2조 4,700억 달러 그리고 2030년에는 10조 달러로 성장할 것으로 예상되고 있다. 할랄식품은 이미 2011년에 전 세계 식품시장의 16퍼센트 정도를 차지했다. 톰슨로이터는 2018년에는 할랄식품이 전 세계 식품시장의 18퍼센트 정도로 성장할 것이라고 잠정 전망했다. 이처럼 할랄식품 시장이 성장할 것이라 예측하는 까닭은 무슬림들의 구매력이 커지고 인구가 늘어나는 데 따른 것이다.

더불어 일부 국가들의 홍보 전략으로 할랄제품에 대한 인식도 높아지고 있다. 이에 따라 다국적 기업들은 일찌감치 할랄식품 전쟁에 뛰어들어, 현재 할랄식품 시장의 80퍼센트를 장악하고 있다. 스위스 네슬레는 1980년대부터 할랄 전담팀을 꾸리고 전 세계 86개 공장에서 커피, 과자 등 할랄인증을 받은 150여 개 제품을 생산, 판매하고 있다. 프랑스 다농은 생수 브랜드인 '아쿠아 워터'를 할랄기준에 따라 인도네시아에서 생산한다. KFC는 영국에서 이슬람법에 따라 도축한 육류로 '할랄 버거'를 만들어 100여 개의 매장을 운영하고 있다.

반면 우리나라 기업들은 후발주자에 속한다. 할랄식품 수출액이 2014년 기준으로 6억 8,000만 달러에 머물고 있어, 세계 할랄제품 시장에서 차지하는 비중도 미미하다. 다행히 최근에는 할랄인증을 잇달아 받는 등 할랄산업 진출에 적극적이다. 할랄인증은 일종의 무역장벽으로 작용해, 인증을 받지 않으면 사실상 수출을 할 수 없다. 우리나라에서는 2014년 말 기준으로 120여 개 업체가 430여 개 제품에 대해 할랄인증을 받았다. 이를 기반으로 햇반, 조미김, 김치, 라면, 마요네즈, 홍삼, 유지油脂류 등을 수출하고 있다. 라면의 경우 수프에 소고기를 사용하지 않고 콩 단백질을 이용해 맛을 내는 제품도 만들어졌다. 또 급식·외식업체들도 할랄시장 공략을 시도하고 있다. 일부 업체는 이미 아랍에미리트와 쿠웨이트에 있는 10곳의 급식장을 할랄 전문 급식업 장으로 운영하고 있다.

신제품 개발과 인증 철저히 준비해야

16억 인구의 이슬람권이 이제 빠르게 할랄제품 시장으로 바뀌고 있다. 할랄기준에 부합하는 식품 및 한식 레시피 개발 그리고 이를 위한 정보 교환 및 기술 협력, 연구 역량이 강화되어야 하는 시점이다. 최근 중국과 동남아에서 큰 인기를 얻고 있는 화장품의 경우에도 이슬람권 진출을 위해 할랄기준에 부합하는 제품을 출시해야 한다.

더불어 우리나라를 찾는 무슬림 관광객이 증가하는 상황에서 이들이 마음 놓고 찾을 수 있는 할랄 전문식당도 늘려야 한다. 국내에 거주하거나 방문하는 무슬림들이 가장 불편해하는 부분이 바로 음식이다. 2014년 말 기준으로 무슬림 관광객들이 이용할 수 있는 할랄 식당은 전국적으로 140여 곳에 불과하다.

할랄인증에 있어서도 많은 노력이 필요하다. 할랄인증기관이 전세계에 300여 개에 이르는 가운데, 각국 소비자별로 선호하는 인증기관이 다르다. 또 각국이 자국 산업 보호를 위해 인증요건을 강화하는 등 할랄식품 수출 확대의 걸림돌이 적지 않다. 따라서 국가별로 철저히 규정을 파악하고 절차를 이해하는 것이 필요하다. 단순히 식음료품, 화장품 등에만 이 규정이 적용되는 것이 아니다. 일부 국가에서는 물류, 여행상품, 호텔 등의 분야까지 확대 적용하고 있는 상황이다.

할랄인증은 제품과 그 제품에 들어가는 성분뿐만 아니라 생산공정 및 유통과정에 대해서도 엄격한 기준을 적용한다. 말레이시아에서는 조업 공장의 위생 상태뿐만 아니라 포장 박스와 보관 시설에 대해서도 할랄인증을 요구하고 있다.

이런 어려움에도 불구하고 최근 급성장하는 산업 분야라는 점에서 집중적인 연구 개발과 투자가 필요하다. 할랄산업은 무슬림들의 종교적 신념과 라이프스타일일 뿐이라는 인식을 넘어, 높은 위생 기준 때문에 세계적으로 건강한 식품으로 받아들여지고 있다. 아직은 초기 단계이지만 향후 거대한 시장으로 확대될 것이 자명하다.

중동의 거인
이란의 귀환

핵협상 타결 이후 이란에 대한 서방의 제재가 대부분 풀림으로써 이란이 원유 공급에 있어 새로운 행위자로 부상하고 있다. 사우디아라비아가 주도했던 국제 원유시장 판도에 영향을 주기 시작한 것이다. 이란은 제재가 풀린 지 정확히 한 달이 지난 2016년 2월 15일 유럽으로 원유 400만 배럴을 성공적으로 선적했다. 가뜩이나 공급이 넘쳐나는 국제 원유시장에 이란이 복귀한 것이다. 다음 날인 16일 산유량 기준 세계 1, 2위를 다투는 러시아와 사우디가 긴급 회동해 2017년 1월 기준으로 산유량을 동결하기로 전격 합의했다. 두 나라가 이란의 원유시장 재진입에 긴장하고 있음을 반증한다.

그러나 석유수출국기구OPEC 회원국과 비회원국을 대표하는 사우디와 러시아의 이례적인 동결 합의에도 유가는 반응하지 않았다. 산유량 감산을 기대했으나 동결에 그쳐, 저유가의 원인인 공급 과잉을 해소하지 못할 것이라는 평가 때문이었다. 하지만 다음 날인 17일 '동결을 지지한다'는 이란 정부의 말 한마디가 유가를 7퍼센트 이상 끌어올렸다. 반면 사우디는 같은 날 국가 신용등급 강등이라는 수모를 당했다.

치킨게임의 시작

이란의 이 같은 역할은 국제 에너지시장에서 이미 예상된 것이었다. 주변국 사우디의 견제는 이미 제재 해제 이전부터 시작됐다. 현재의 저유가 기조는 세계 경제의 침체와 더불어 두 개의 치킨게임으로 인한 것이다. 우선 셰일가스와의 치킨게임이다. 유가 하락의 직접적인 원인은 OPEC을 주도하는 사우디아라비아가 2014년 11월 감산을 거부하면서 시작됐다. 소위 사우디가 주도하는 셰일가스와의 '치킨게임'의 시작을 알리는 포석이었다. 유가를 셰일석유 생산단가보다 낮춰 에너지시장의 주도권을 유지하겠다는 것이 사우디 주도 산유국들의 계산이다. 사우디 등 산유국들은 재정 악화라는 출혈을 감내하면서도 극단적인 상황까지 셰일석유와 경쟁하겠다고 결정한 것이다.

두 번째 치킨게임은 사우디 주도 수니파 산유국들과 이란의 갈등이라고 볼 수 있다. 이는 중동 내 정치 역학관계에 기인한 것이다. 사우디 주도 걸프 지역 국가들이 감산을 결정하지 못하는 주요 이유 중 하나는 바로 최근 급부상하는 이란을 견제하기 위한 것이다. 저유가를 유지해 제재 해제 이후 이란의 경제재건을 최대한 늦추려는 것이 이들의 목표다.

중동의 또 다른 석유 부국 이란

이란은 에너지 자원 보유량으로는 세계에서 몇 손가락 안에 드는 나라다. 석유의 경우 이란은 베네수엘라와 사우디아라비아, 캐나다에 이어 세계 4위다. 중동에서는 사우디에 이어 2위로, 매장량 추정치는 1,570억 배럴에 달한다. 천연가스의 경우 세계 천연가스 매장량의 15퍼센트인 30조 세제곱미터를 보유하고 있다.

중동 주요국 석유 매장량(단위:1억 배럴)

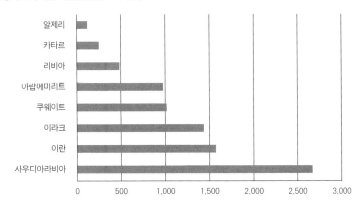

따라서 이란이 경제제재 해제 이후 가장 단기간에 집중적으로 투자 및 해외 자본 유치를 추진하는 분야는 에너지일 수밖에 없다. 다른 산업에 비해 비교우위를 가진 분야이기 때문이다. 제재 해제 이후 생산량도 빠르게 회복하고 있다. 2016년 5월 기준 이미 일일 340만 배럴에 근접했다.

이란은 제재 이전의 생산량을 단기간에 회복하기 위해 노력하고 있다. 2010년 이후 서방국가가 투자를 금지하는 등 제재를 더욱 강화하면서 이란 및 중국 기업이 유전 개발을 담당해왔지만, 기술력이 낙후되어 자체적으로 유전사업을 추진하는 데 어려움을 겪었다. 때문에 이란은 제재 해제와 함께 대규모 투자를 기획하고 있다. 비잔 잔가네 Bijan Zangeneh 이란 석유장관은 2015년 11월 테헤란에서 기자회견을 갖고, 에너지산업에 대한 300억 달러 규모의 해외 신규 투자 유치를 위해 이전보다 대폭 완화된 외국 에너지 기업들과의 계약 조건을 공개했다.

이란의 석유 생산량(1만 배럴/일)

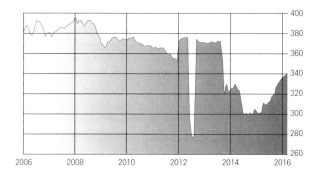

이란 정부는 또 2025년까지 이란을 세계 시장에서 주도적인 에너지 국가로 성장시키기 위해 유전 개발 및 석유가스 산업에 5,000억 달러를 투자한다는 목표를 세우고 있다.

경제재건의 기반, 석유화학산업

이란 정부는 석유 및 가스전 개발과 더불어 석유화학산업 육성에 큰 기대를 걸고 있다. 단순한 원자재 수출에서 탈피해 석유화학산업을 주요 전략산업 중 하나로 선정하고, 가장 높은 경쟁력을 보유한 산업 분야로 자평하고 있다. 원료 조달이 용이하고 전기 사용료가 저렴하다는 점 등 여러 유리한 조건을 갖추고 있다. 이란은 향후 2024년까지 석유화학제품 생산량을 현재의 세 배 이상으로 끌어올려, 세계 시장에서 이란의 점유율을 6퍼센트 정도까지 높일 계획을 갖고 있다. 이를 위해 석유화학산업 특별경제구역을 설치해 외국 기업의 투자 유치를 위해 노력 중이다. 석유 및 가스전 개발 참여와 더불어 우리 기업이 강점을 가진 석유화학 플랜트 진출이 기대된다.

현재 이란은 타이어, 플라스틱 용기, 섬유, 페인트, 세제, 접착제, 화학비료 등 제품과 중간재를 망라하는 석유화학산업을 발전시키는 데 초점을 두고 있다. 다른 걸프 지역 아랍 국가와 마찬가지로 원유에 편중된 경제구조를 탈피하고자 하는 것이다. 현재 이란은 매년 85억 달러 수준의 석유화학제품을 생산하고 있고, 이 중 55퍼센트를 우리나라와 일본 등으로 수출하고 있다.

하지만 현재까지 이란의 석유화학산업 수준은 원료의 일차적인 가공 수준에서 벗어나지 못하고 있다. 고부가 가치의 제품 혹은 높은 품질을 추구하기보다는 경제제재하에서 고통받는 많은 국민들에게 기초 생필품과 제품 원료를 공급하기 위한 생산량 확대에 주력해왔다. 그런가 하면 산업 부문의 약 70퍼센트가 정부 소유 혹은 국영으로 운영되고 있어 효율성 및 생산성 저조라는 한계에 봉착한 상태다. 이에 따라 정부는 공기업 민영화를 추진하고 있으나 큰 성과를 거두지는 못하고 있다. 섬유·의류산업 등 관련 분야에 대한 외국인 투자를 지속적으로 적극 추진할 예정이지만 기술력을 바탕으로 한 관련 산업 육성에는 상당한 시간이 걸릴 것으로 보인다.

이란은 또 오랜 제재로 생산시설이 낙후되어 교체하려면 많은 투자를 진행해야 하는 상황이다. 특히 정유 능력이 크게 뒤처져 생산량의 약 60퍼센트 정도만을 정유할 수 있는 것으로 평가된다. 그 결과 이란은 자원 대국임에도 불구하고 휘발유를 사들이는 실정이고, 이란 국민들은 에너지난을 겪고 있다. 이란이 원자력 발전을 추진했던 중요한 이유 중의 하나가 전력 부족이었다. 때문에 미국을 비롯한 협상 파트너들도 2015년 핵협상 타결 과정에서 이란이 다른 나라들처럼 발전용으로 핵을 이용하는 것을 어느 정도 인정해준 것이다.

이란은 향후 정유 및 석유화학산업에 막대한 투자를 할 것이다.

전문가들은 이란이 정유 부문에 2,000억 달러를 투자할 것으로 전망하고 있다. 이란은 산유·정제시설의 보수에 외국인 투자와 다국적 기업들의 참여가 이어지기를 바라고 있다. 이란이 서방과 핵협상 최종 타결을 합의하기 한 달 전인 2015년 6월, 영국·네덜란드 합작기업 셸과 프랑스 토탈, 이탈리아 ENI의 간부들이 이미 오스트리아 빈에서 이란 측과 접촉한 바 있다.

사우디와는 다른 잠재력

이란의 경제와 국력은 지난 37년 동안 다양한 제재를 받으며 쇠락했었다. 그런데 이제 이란이 제재를 벗어나면서 사우디 등 주변 아랍 국가들은 긴장하고 있다. 이란이 가진 잠재력 때문이다. 경제제재가 해제되면서 이란이 중동의 패권국가로 부상할 것이 자명하기 때문이다. 이란은 사우디와 비교해 천연자원에 있어서도 뒤지지 않는다. 산악국가로 석유와 가스 외에도 구리, 철광석, 아연 등 자원이 풍부한 나라다. 수자원도 비교적 풍부해 수력이 전체 발전의 2퍼센트 이상을 차지한다. 역사 유적과 자연 관광자원도 풍부하다. 수도 테헤란 이북 지역은 삼림이 우거져 있고, 카스피 해 인근은 빼어난 경관으로 유명하다.

이란이 중동 내 패권국가가 될 수 있는 가장 큰 이유는 지정학적 위치 때문이다. 이란은 유럽과 아시아 대륙의 정중앙에 위치해 있다.

위 이란 수도 테헤란 시내 풍경
왼쪽 아래 테헤란에 위치한 한 영화관
오른쪽 아래 노점에서 쇼핑하는 이란 여성들

1,000여 년 지속된 실크로드도 이란을 축으로 좌우로 형성되어 있다. 이란이 고대 및 중세 문명의 중심지가 된 것도 동서양의 문명과 문물이 교차하는 곳이기 때문이었다. 이슬람을 창시한 사도 무함마드가 이

미 7세기에 '페르시아인들은 우주에서도 지식을 배워 온다'라고 말했을 정도다. 그의 말은 현재 이란의 5만 리얄 지폐 뒷면에 새겨져 있다. 중동의 대표적인 문학작품인 《아라비안나이트》도 이란을 통해 바그다드로 전해진 것이다.

이란은 유구한 역사와 문명을 바탕으로 중동 내에서 정치적으로 가장 안정된 국가 중 하나다. 이란은 다른 중동 국가와는 달리 독자적인 국민국가를 오랫동안 유지하고 있었다. 사우디아라비아, 이라크 등의 주변 중동 국가는 대부분 제1, 2차 세계대전 이후에 등장한 신흥국가들이다. 반면 이란은 페르시아민족과 시아파를 중심으로 상당 기간 독자적인 국가 체제를 유지하고 있었기에 문화와 기술 발전에 있어서

이란과 사우디아라비아의 비교

	이란	사우디아라비아
지상 과제	국가 재건	정권 생존
최상위 경제 정책	경제 재건 및 일자리 창출	저유가 극복 및 산업다변화
최종 목표	역내 제조업 및 물류 거점	에너지 및 서비스 중심 국가
집중 투자 분야	석유화학, 인프라, 제조업	석유화학, 서비스 산업
정부 투자 여력	미약 투자 유치를 통한 인프라 건설 추진	감소 추세에 있음 인프라 발주 감소 및 재협상
경제 협력 분야	다각적: 에너지, 상품 수출, 건설 및 플랜트 수주, 제조업 협력 등	제한적: 에너지, 상품 수출, 건설 및 플랜트 수주
리스크	제재 복귀, 불투명성	정치·경제적 불안정성
파이낸싱 수요	상당히 높음	높아지고 있음

다른 중동 국가들을 크게 압도한다.

이란은 또 현재 7개국과 국경을 접하고 있다. 투르크메니스탄, 아프가니스탄, 파키스탄, 이라크, 터키, 아르메니아 그리고 아제르바이잔이다. 육로를 통해 중동 및 중앙아시아 주요 국가들과 연결된다. 더욱 중요한 것은 해상 국경이다. 걸프만을 통해 중동의 주요 국가인 사우디아라비아, 쿠웨이트, 카타르, 아랍에미리트, 오만 그리고 바레인을 접하고 있고, 북부의 카스피 해로는 러시아와 연결된다. 과거 육상 및 해상 실크로드가 그랬던 것처럼 이란은 현재도 아시아와 유럽을 연결하는 육로와 해로의 중심에 위치한다.

여기에 이란은 해상에서 육로로 이어지는 관문이라는 점에서 향후 중개무역 역할이 크게 기대된다. 때문에 이미 인도 등 주변 국가들은 이란 남부의 차바하르Chabahar 항구 개발에 적극적이다. 폭이 좁아 병목현상이 나타나는 호르무즈 해협의 이란 최대 항구 반다르 압바스Bandar Abbas를 대체하는 새로운 무역 거점을 구상 중이다. 인도양과 직접적으로 연결되는 차바하르 항구를 개발해 철도를 통해 이란은 물론 카스피 해 인근의 중앙아시아로 연결되는 새로운 수송로를 추진하고 있다. 이란의 국제사회 복귀는 이제 세계 에너지 판도는 물론 물류 흐름까지 바꾸고 있다.

이란은 앞으로 제조업 발전에 전력을 다할 것이다. 인구가 적은 다른 중동의 산유국과는 다르다. 오일머니만으로는 8,000만 인구의 국가경제와 복지를 실현할 수 없기 때문이다. 이란 정부는 결국 산업을

이란 수도 테헤란 중심부에 위치한 서울 거리

일으켜 일자리를 창출해야만 한다. 현재 이란의 가장 심각한 정치·사회적 불안정성은 높은 실업률에서 기인한다. 이란이 현재 우리나라에 가장 바라는 것은 석유화학산업을 필두로 하는 제조업 분야 협력이다. 2016년 5월 2일 박근혜 대통령과의 정상회담 직후 기자회견에서 하산 로하니Hassan Rouhani 대통령도 '한국 기업의 이란 진출'을 강조했다.

이란은 동양적 남성 중심의 가부장적 권위주의가 아직 사회 전반에 작용하고 있지만, 외국 문화 수용에 개방적이다. 이미 과거 수천 년 동안 동서양 문화와 지식이 거쳐 가는 통로였다. 특히 우리나라와의 문화적 교류와 상호이해의 역사적·정서적 바탕이 이미 마련되어 있다. 신라의 공주 프라랑과 페르시아 왕자가 사랑에 빠져 결혼한 이야기가 고대 서사시로 구전되어왔다. 9세기 중엽 신라의 생활상을 역사책에 기록한 이븐 쿠르다지바Ibn Khurdadhibah도 페르시아인이었다. 또 14세기 초 '고려'를 중동 역사책에 가장 먼저 언급해 세계에 '코리아'를 알린 학자 라시드 파들랄라Rhashid Fadhlallah도 페르시아 역사가였다. 또 이란은 현재 수도에 '서울로路'가 유일하게 존재하는 중동 국가다. 1977년 테헤란 시장의 서울 방문 중 자매결연을 맺은 것을 기념해서 지정한 거리다. 서울에서는 강남의 삼릉로가 테헤란로가 되었다. 또한 이란은 향후 한류의 거점 국가가 될 것이다. 〈대장금〉, 〈주몽〉 등 우리나라 드라마의 시청률이 중동 국가 중에서 가장 높았다.

세계가 주목하는 이란

'이란 2016년 8대 강대국 클럽에 가입하다.' 미국의 격월간 외교 및 국제문제 전문지 〈디 아메리칸 인터레스트The American Interest〉가 2016년 1월 말 내놓은 온라인판 분석 기사 제목이다. 기사를 작성한 선임에디터 월터 미드는 '이란은 정치적으로 이라크, 시리아 그리고 레바논과 동맹관계를 구축했으며, 제재 해제 이후 경제 재건에 나서며 중동 경제를 주도할 것'이라고 전망했다.

이런 전망을 반영하듯 경제 강국들은 이란과의 경제 협력을 위해 발걸음을 재촉하고 있다. 중동 내 최대 시장인 이란 시장을 선점하기 위해서다. 2015년 7월 국제사회와 이란 간의 핵협상이 최종 합의에 도달한 이후 이란에 가장 먼저 손을 내민 나라는 인도였다. 2015년 9월 인도는 이란과 65억 달러에 달하는 석유 구매 계약을 체결했다.

일본의 움직임도 빨랐다. 기시다 후미오 일본 외상은 2015년 10월 이란을 찾아 아베 총리의 이란 방문 일정을 조율하고, 직접 추가적인 원유 수입과 액화천연가스LNG 생산을 논의했다. 2016년 초 제재가 해제된 이후에도 유럽 주요국은 에너지, 항공, 인프라, 제조업 등에서 이란과의 협력을 추진하고 있다. 시진핑 중국 주석은 제재가 해제된 지 열흘도 안 된 1월 25일 이란을 방문했다. 시 주석은 이란과의 다각적인 전략적 동반관계 구축을 천명했다.

이런 상황에서 2016년 5월 초 박근혜 대통령도 이란을 방문했다. 이를 계기로 우리도 새로운 진출 전략을 구축해야 한다. 과거 우리의 대중동 협력은 크게 세 가지 분야에 집중되어 있었다. 원유 수입, 상품 수출 그리고 건설 및 플랜트 수주였다. 막대한 자원을 가진 이란에서도 협력 가능한 분야들이다. 그러나 제재가 해제되었고 이 틀을 뛰어넘어야 한다. 이란은 향후 우리의 중동 내 다각적인 경제 협력의 거점이 될 수 있는 나라다. 단순한 원유 수입이 아니라 석유 및 가스를 포함한 다양한 자원 개발 및 가공, 단순한 우리 상품의 수출이 아니라 현지 공동 생산 및 주변국 수출 그리고 단순한 건설이 아니라 시설 공동운영을 고려해야 한다. 분야 면에서도 농업, 수산업, 물류, 제조업, 문화콘텐츠 제작, 방산 등 다각적인 협력을 추구해야 한다.

하지만 장기적인 경제제재와 저유가로 인해 이란의 재정이 녹록지 않은 상황이다. 인프라 구축, 에너지 플랜트 건설, 산업화 등 제재 해제 이후 경제 재건을 위한 다양한 대규모 사업이 필요하지만 쉽지 않은 상황이다. 따라서 단기적으로 이란 정부는 외부의 투자를 간절히 원하고 있다.

이에 우리 정부도 발 빠른 대응에 나서고 있다. 기획재정부가 총괄하고 한국수출입은행, 한국무역보험공사, KDB산업은행, 한국투자공사가 참여하는 '이란 건설 플랜트 금융지원협의체'를 2016년 3월 구성한 바 있다. 약 250억 달러 규모의 금융패키지를 마련해 수주 업체에 지원할 예정이다.

그러나 아직 규모가 충분치 않다. 이란의 대형 사업은 향후 최소 20년간 이어질 것이다. 따라서 정부와 공공부문의 금융지원과 더불어 민간이 참여하는 사업모델을 빠르게 구축해야 한다. 이란 수주를 위해 정부와 민간기업, 금융기관의 민관협력사업PPP에 대한 지원책 마련이 필요하다. 최근 중동의 인프라 사업이 자체 재원이 아닌 개발사의 금융 주선 또는 정부와 민간이 사업비를 분담하는 PPP방식으로 전환되는 추세다. 따라서 공기업이 민간기업과 공동 진출할 수 있는 기반을 넓히고 이와 관련한 금융지원을 강화해야 한다. 민간 금융권도 이를 위해 프로젝트 파이낸싱PF 등의 사업 개발에 적극적으로 나서야 한다.

건설업체도 단순한 시공이 아닌 개발사로서 기획, 금융, 조달, 시공 등 종합적인 진출을 구상할 필요가 있다.

　이란도 박 대통령의 방문에 대해 깊은 관심과 큰 기대를 보였다. 한국과의 다각적인 협력을 진지하게 논의할 수 있는 장이 열렸기 때문이다. 특히 박 대통령과 함께 사상 최대 규모의 경제사절단 264개 업체가 동행한다는 것도 주목을 끌었다. 철도, 도로, 발전소 등 사회기반 시설 확충이 절실한 이란은 한국과의 공동사업 추진을 원하고 있다. 플랜트, 엔지니어링, 자동차 및 전자 업체들과는 기술 이전과 합작 사업을 바라고 있다. 보건의료 및 바이오 업체들에게도 이란과 배후시장의 공동 진출을 요청하고 있다. 이란 정부는 한국의 경제 및 사회 개발 경험 전수도 추진하길 바라고 있다.

21세기 중동,
불안정과 저유가 속 지속적 성장

2014년 하반기부터 시작된 저유가 기조, IS의 테러 그리고 이란과 사우디아라비아의 외교 단절 등으로 중동이 혼란스럽다. 2011년 아랍의 봄이 시작된 이후 중동은 급격한 정치·사회적 변화를 겪고 있다. 정권 교체와 정치 세력들 간 갈등으로 내전이 진행 중이다. '아랍의 겨울'이 도래하고 있다는 분석도 있다. 22개 아랍 국가들 중 몇몇 나라에서는 이 같은 혼란이 장기화될 것이다. 국민국가 형성이 미진한 중동 지역이 민주화되려면 거쳐야 할 단계다. 몇몇 나라에서 시민혁명이 성공했다고 하지만, 사회가 안정되려면 앞으로도 적지 않은 시행착오를 거칠 것으로 보인다.

그러나 여러 번 말했지만 중동의 불안정은 비단 최근의 현상이 아니다. 수십 년 전에도 화약고라 불렸다. 정치적 굴곡 속에서도 중동이 가진 잠재력은 무궁무진하다. 인구가 폭증하는 상황이라 중동의 건설 및 플랜트 발주도 계속될 것이다. 저유가는 단기적 현상일 것으로 예상된다. 산유국들이 '적정 가격'이라고 생각하는 배럴당 80달러 전후를 회복하는 데는 큰 어려움이 없어 보인다. 산유국들 역시 유가가 지나치게 상승하는 것을 바라지 않는다. 고유가는 산유국에 수입 물가 상승과 인플레를 가져오기 때문이다.

저유가와 정치적 불안정 속에서도 걸프 산유국은 석유 자본을 바탕으로 지속적인 성장을 이어가고 있다. 여기에 과거 지나치게 자원에 의존하던 방식에서도 벗어나고 있다. 산업다각화를 통해 지속성장 가능한 경제를 추구하고 있다. 그 과정에 한국 성장모델을 배우고 보다 포괄적인 협력을 기대하고 있다. 우리나라와의 경제 교류는 중동의 불안정 속에서도 확대되어왔다.

숨 고르기에 들어간 중동 경제

물론 당분간 저유가와 이에 따른 중동의 정치·경제 불안정 고조는 우리 경제에도 적지 않은 영향을 줄 것으로 보인다. 우선 건설 및 플랜트의 최대 시장인 중동의 성장 둔화는 우리 건설업계의 수주에도 부정적으로 작용한다. 저유가 충격으로 2015년 해외 건설 수주액이 급감하면서 450억 달러에 그쳤다. 최대 호황기였던 2010년 716억 달러 이후 6년 만에 처음으로 500억 달러를 밑돈 것이다. 저유가 지속으로 재정수지가 악화된 중동 산유국들이 대형 공사 발주를 미뤘고 이는 곧바로 우리 건설업체들의 수주 급감으로 이어진 것이다.

지역별로 보면 저유가의 여파로 산유국 발주가 급감한 것을 볼 수 있다. 해외 건설 주력 시장인 중동 산유국 수주 물량은 50퍼센트 이상 줄었다. 특히 국내 건설사들의 주력 분야인 플랜트는 지난해 동기 461억 달러에서 올 현재 248억 4,000만 달러로 46퍼센트나 급감했다. 원유 생산부터 정유, 석유화학 제품 생산설비 등 다양한 플랜트 사업이 급감했다.

문제는 저유가 충격이 오래가지는 않겠지만 세계 경기 회복에 시간이 좀 걸릴 것이라 경기가 더욱 악화될 수 있다는 점이다. 세계 경기가 악화될 경우 플랜트뿐만 아니라 개발도상국이나 신흥 산유국들의 인프라 투자도 급감할 가능성이 있다. 중동의 재정 악화와 해외 투자 감소는 우리나라의 증시에도 영향을 미친다. 저유가 여파로 사우디아라비아 등의 산유국들이 2015년 6월부터 주식 등 해외 투자자산을 대거 회수하면서 국내 증시에도 부담을 주고 있다. 특히 국제 유가가 배럴당 30달러대로 추락하면서 오일머니의 이탈 속도가 더욱 빨라질 것이라는 우려도 제기된다.

사우디아라비아는 2015년 6월부터 5개월 연속 국내 주식을 내다 팔았다. 또 사우디아라비아는 2015년 10월 국내 상장 주식 1조 8,960억 원어치를 순매도했다. 이 5개월간 사우디아라비아의 국내 주식 순매도액은 3조 원이 넘는 것으로 추산된다. 사우디아라비아의 국내 주식 누적 투자액도 2015년 초 순매수에서 12월 기준 순매도로 돌아섰다. 더구나 국제 유가가 20달러대까지 주저앉을 수 있다는 비관적 전망이 우세해, 사우디 등 중동 자금의 해외 투자 자금 회수가 지속될 가능성이 크다.

현재 어려움을 겪고 있는 조선 및 해양 플랜트의 경우에는 더욱 심각하다. LNG선, LPG선 등의 발주 연기 및 감소로 인해 조선산업 경기 침체가 계속되고 있다. 조선 관련 전문 분석기관인 클락슨즈 Clarksons에 따르면 2014년 11월까지의 전 세계 누적 조선 발주량은 전년 동기 대비 31퍼센트 감소했다. 이런 상황에서 장기적인 유가 하락으로 LNG 및 LPG선의 2015년 세계 발주량은 30퍼센트 감소할 것으로 예상했다. 실제로 2015년 발주량이 상당히 줄어들었고, 우리 조선업계도 직격탄을 맞았다.

미래지향적 중동붐 이어진다

일부 국가에서의 정치적 혼란과 내전 상황 그리고 저유가는 당분간 중동 경제에 부정적인 변수로 작용할 것이다. 그러나 이런 부정적인 현상이 향후 중동 정치·경제의 체질 개선으로 이어질 것이라는 긍정적인 전망도 있다. 과거 저유가는 상당 부분 에너지 분야에 국한된 것이었다. 그러나 중동이 경제발전은 물론 정치·사회적 불안 해소를

왼쪽 위 **중동 월간지의 한국 특집호**
오른쪽 위 **두바이의 샤이니 팬**
가운데 **아부다비대학의 한류 팬들**
아래 **코이카 단원으로부터 컴퓨터를 배우는
이집트 여성들**

위해 산업다각화를 추진하면서 최근 저유가의 파급효과는 포괄적이
고 다각적이다.

　우리는 에너지 수입과 건설 진출을 넘어서 중동 지역과 원자력발
전소, 담수화 시설, 병원 등 기술과 서비스를 동반한 플랜트 분야까지

협력하고 있다. 여기에 자동차, 휴대전화 등 제조업 제품이 수출품목의 1, 2위를 차지하고 있다. 병원 운영 등의 의료 부문, 커피전문점 등 프랜차이즈, 게임 및 콘텐츠 산업 등 서비스 및 소프트웨어 분야의 진출도 확대되고 있다. 여기에 K팝, 드라마 등의 우리 문화가 중동 젊은 이들 사이에 확산되고 있다. 우리와 중동 간 협력은 앞으로 계속 다각적으로 확대될 것이다. 체질을 개선하고 있는 중동은 이제 우리와 모든 분야에서 교류할 대상으로 변신하고 있다.

중동은 빠르게 변화하고 있다. 따라서 과거와는 차별화된 접근이 마련되어야 한다. 적극적이면서 효과적인 윈윈전략이 필요한 시점이다. 기술적 그리고 가격적 비교우위를 가지고 있는 플랜트 산업에 대한 수주를 유지해가면서 제조업을 포함한 다른 분야에서의 협력 방안을 마련해야 한다.

해적의 송환에 왕실 전용기를 내준 아랍에미리트와의 '전략적 동반자 관계'를 다른 나라와도 확대해야 한다. 또 중동 신세대의 마음을 파고들고 있는 한류를 바탕으로 문화적 그리고 인적 교류도 늘려야 한다. 이들 협력의 가교역할을 할 전문 인력 양성도 필수적이다. 전문성을 바탕으로 한 섬세한 신출과 협력이 새로운 중동 붐에 대처하는 우리의 코드가 되어야 한다.

중동인을 만나기 전에 알아두면 좋을
Tip 18

1. 앗쌀람 알라이쿰!

앗쌀람 알라이쿰Assalam Alaikum, '평화가 당신에게'라는 중동의 대
표적 인사말이다. 인사는 중동에서 가장 중요한 에티켓이다. 예의 바
르게 하는 것도 중요하지만, 더 중요한 것은 타이밍이다. 먼저 인사를
건네는 것이 좋다. 무슬림들은 먼저 인사를 할 경우 알라가 현세 및 내
세에서 더 많은 축복을 준다고 믿고 있다. 쿠란에서도 '누가 먼저 인사
를 해 오면, 더 상냥하게 답하라. 알라는 너희들이 하는 인사의 횟수도
다 세고 계시느라'(알-누르 장, 86절)라고 명시하고 있다. 때문에 중동에
서는 길에서 지나치는 전혀 모르는 사람이 '앗쌀람 알라이쿰'이라고
먼저 인사를 건네는 경우를 흔히 볼 수 있다. 이 경우 꼭 답을 하는 것이
좋다. '와 알라이쿰 앗쌀람'이라고 하면 된다.

이런 인사방식은 이슬람에서 규정해놓고 있지만, 원래 중동 유목민의 전통이다. 우물을 지키기 위해 모든 남성이 무장을 하고 1년 내내 전투태세를 유지하는 곳이 유목사회다. 먼저 인사를 하는 것은 공격할 의사가 없음을 명확히 밝히는 것이자, 긴장을 풀고 대화를 시작할 준비가 되어 있다는 의사표현이기도 하다. 중동과의 교류와 협력을 위해서는 인맥 구축이 필수적이다. 밝게 웃으며 '앗쌀람 알라이쿰'이라고 말하는 것이 인맥 구축의 출발점이다.

2. 대화 시, 종교 이슈는 피할 것

이슬람 종교는 국가 및 사회의 시스템이다. 단순한 개인적 종교가 아니다. 이슬람은 태동부터 국가 건설과 깊은 관련이 있다. 사도 무함마드는 종교를 전파하면서 이슬람 공동체인 움마umma를 설립했다. 이것이 이슬람 국가의 초기 형태다. 무슬림들은 이 움마가 알라의 계시와 가르침에 근거한 가장 완벽한 국가 형태라고 생각한다. 또한 이슬람의 율법에 근거한 사회가 알라의 뜻을 가상 잘 반영한 공동체라고 믿고 있다. 때문에 개인이 종교를 바꾸는 것은 궁극적으로 자신들이 가장 완벽한 시스템이라고 믿고 있는 국가와 사회의 근간을 흔드는 것으로 간주한다. 그래서 이슬람 국가는 대부분 선교를 법으로 금지한다.

따라서 무슬림과 아무리 가까운 친구가 된다 하더라도 종교적인 논쟁을 벌이고 나면 멀어질 수 있다. 절교까지 하지는 않더라도 분명한 벽이 생기게 된다. 중동의 무슬림들에게 이슬람은 태어날 때부터 가진 모태신앙이다. 또 이슬람은 생활종교다. 매일 다섯 번 예배를 드리면서 신앙을 실천한다. 태어나면서부터 그리고 생활종교의 틀 속에서 성장한 무슬림들에게 이슬람은 생활이자 자신의 정체성이다. 이에 대한 반론을 제기하거나 개종을 권유하는 발언을 하면 상당히 심각한 문제를 야기할 수도 있다.

3. 대화 시, 정치 이슈는 멀리할 것

"왜 민주주의가 어렵죠?" "왜 이란에서는 대통령 위에 종교지도자가 군림하죠?" 중동인에게 이런 질문을 던지는 것은 대화를 무겁게 만드는 것이다. 시아파와 수니파에 대한 질문도 하지 않는 것이 좋다. 외국인이 중동의 정치·종교적 반감에 대해 언급하는 것은 그리 환영받는 일이 아니다. 적지 않은 중동인들이 서방 제국주의를 중심으로 한 외부 세력이 중동의 민주화를 더디게 하고 있다고 생각하기 때문이다.

중동의 갈등과 분쟁은 다양한 배경이 교차하면서 발생한다. 역사적, 민족적, 종파적, 정치적, 부족적, 경제적, 사회적, 문화적 그리고 외부적 배경이 존재한다. 또 중동은 모자이크 사회다. 앞서도 말했지만 중동에는 유럽의 제국주의 세력이 자신들의 이해에 따라 국경을 일방적으로 획정한 곳이 많다. 이에 따라 한 국가 내에 다양한 민족, 부족, 종파 등이 어우러져 살고 있다.

때문에 대부분의 중동 국가들은 인구조사census를 하지 않는다. 국가 내 인구 구성은 상당히 민감한 사안이다. 수니파 종주국인 사우디아라비아에는 시아파가 10퍼센트 정도 거주한다. 주로 동부 유전 지대에 밀집해 살고 있다. 하지만 사우디인들은 이들 시아파가 3퍼센트도 안된다고 강조한다. 시아파 종주국 이란에도 8퍼센트 정도의 수니파가 살고 있다. 수니파 아랍계 반군 혹은 반정부 세력도 존재한다. 그런가 하면 이슬람 국가 이집트에는 1,500만 이상의 기독교인이 살고 있다.

4. 'H'는 신성함을 상징한다

이슬람 국가에서 온 서한에 보면 날짜를 표시하는 부분에 H라는 문자가 있는 경우가 많다. 아랍어 히즈라Hijra의 영문 표기 첫 글자다. 히즈라는 '이주'라는 뜻이다. 무함마드가 메카에서 메디나로 이주한 것을 의미한다. 서기 622년으로, 이 해가 이슬람의 첫해다. 따라서 이슬람력(히즈라력)은 622년을 원년으로 한다. 예컨대 2015년은 이슬람력으로 1436년이다. 영어로는 앞에 H를 붙여 H1436년이라고 표기한다.

그런데 좀 이상하다. 어떤 종교의 첫해라고 하면 보통 창시자가 태어난 해이거나 아니면 사망한 해이거나, 그것도 아니면 최소한 첫 계시를 받은 해가 되는 것이 일반적이다. 그런데 이슬람은 창시자가 죽음을 피해 탈출한 해가 첫해다.

622년은 이슬람에서 중요한 의미를 갖는다. 무함마드가 이주한 메디나는 당시 여러 부족이 갈등을 벌이고 있던 곳으로, 무함마드는 중재자로서 메디나 일부 부족에게 초대를 받은 것이다. 이는 무함마드가 메디나에서 정치지도자로 부상했음을 의미한다. 다시 말해 622년은 이주를 통해 무함마드의 지도력하에 첫 번째 이슬람 공동체가 등장한 해다. 이슬람 체제가 본격적으로 시작된 신성한 해인 것이다. 따라서 이슬람 국가에서 온 서한에 쓰인 H를 지운다거나, 그 위에 낙서를 한다거나 하는 행동은 바람직하지 않다. 다른 곳에 H를 쓸 때도 다시 한 번 생각해야 한다.

5. 쿠란은 눈으로만

아랍 및 이슬람권에서 자주 볼 수 있는 쿠란을 대할 때의 태도도 중요하다. 쿠란은 일반 가정, 사무실 그리고 무슬림 개인의 가방에서도 쉽게 접할 수 있다. 쿠란의 화려하고 예쁜 겉표지를 보면 호기심이 생겨 한번 만져보고 싶고, 이국적인 아랍어로 쓰인 내용도 들여다보고 싶어진다. 하지만 무슬림들은 비무슬림이 쿠란을 만지는 것을 불편해한다. 특히 더러운 손이나 왼손으로 쿠란을 만지면 화를 낼 수도 있다.

쿠란은 타종교의 경전과는 다르다. 기독교의 성경도 인간에 의해 집필된 것으로 간주된다. 그러나 이슬람의 경전인 쿠란은 알라의 계시 그 자체다. 인간이 전혀 손을 대지 않은, 천지를 창조한 알라가 인간에게 내린 우주를 다스리는 질서의 최종 완결판이다. 이 완결판의 계시를 받은 인물이 사도 무함마드다. 따라서 이슬람에서는 무함마드를 '마지막 사도'라고 칭한다. 더 이상의 계시는 없다는 의미다. 글을 읽지도 쓰지도 못하던 무함마드의 입을 통해 내려온 알라의 계시라는 점에서 절대적으로 신성하다. 따라서 비무슬림이 이 신성한 쿠란을 함부로 다룬

이슬람 경전 쿠란과 염주 미스바하

모스크에 배치되어 있는 이슬람 경전 쿠란

다면 상당히 심각한 결과를 초래할 수 있다. 실제로 아프가니스탄에서 미군이 쿠란을 소각했을 때 수십 명이 살해를 당한 적도 있다.

6. 왼손을 내밀지 말라

아랍 및 이슬람권에서 왼손은 거의 모든 일에서 금기시된다. 전통적인 방식으로 식사를 할 때는 포크와 나이프를 쓰지 않고, 오른손으로만 음식을 집어 먹는다. 다른 사람들과의 접촉에서도 왼손은 쓰지 않는다. 악수를 하거나 머리를 쓰다듬을 때 왼손을 내밀면 기겁한다. 대변은 물론 소변을 보고도 물로 씻는데 이때도 항상 왼손을 사용한다. 이슬람의 경전인 쿠란도 주로 오른손으로만 다룬다. 아랍어도 오른쪽에서 왼쪽으로 써나간다. 따라서 중동인들과 만날 때는 가급적 오른손을 비워두는 것이 실수를 최대한 줄일 수 있는 방법이다.

이슬람이 등장하기 이전인 사막의 유목사회에서도 오른손을 비워두는 것은 큰 의미를 가졌다. 무장을 하고 항상 우물을 지켜야 했던 중동인들은 상대방에게 손바닥을 보이며 오른손을 내미는 것이 우호적인 제스처였다. 무기가 없다는 것을 보여주는 것이었다. 때문에 과거에는 우리와 마찬가지로 왼손잡이를 선호하지 않았다. 이제는 왼손잡이도 존중해주자는 움직임이 확산되어 있지만, 중동에서의 신체접촉과 소통에서는 가급적 오른손이 우선한다는 것을 잊지 말아야 한다.

7. 신발은 모욕의 상징

중동에서는 신발 관리에 유의해야 한다. 땀이 많이 나는 더운 지역이기 때문에 발은 신체에서 가장 더러운 곳이다. 중동인들은 전통적으로도 최대한 간편한, 맨발에 공기가 잘 통하는 샌들을 신어왔다. 신발은 더 더러운 것이다. 따라서 신발을 벗어 던지는 것은 상대방에게 가장 모욕을 주는 행위다. 중동에서 정권이 무너지면 지도자의 사진을 밟거나 신발을 벗어 손에 들고 사진을 때리는 모습을 방송에서 자주 볼 수 있는 것도 이 때문이다. 미국의 점령정책에 실망한 한 이라크 기자가 회견장에서 조지 W. 부시 대통령에게 신발을 던진 사건이 대표적인 사례다.

무슬림들은 하루에 다섯 번 기도할 때마다 발을 빼놓지 않고 씻는다. 신성한 장소에 더러운 발을 들여놓지 않기 위해서다. 따라서 만약 모스크 내부를 방문한다면 신발을 꼭 벗고 들어가야 한다. 무슬림의 집이나 베두인 텐트에 들어갈 때는 신발을 벗어야 하는지 꼭 확인할 필요가 있다. 또 신발을 벗어 털거나 흔드는 행위도 좋지 않다. 좌식으로 앉아 대화를 나눌 때노 가급적 다리를 꼬고 앉는 것이 좋다. 발바닥 혹은 신발의 밑창을 보이는 것은 상대방의 기분을 망치는 행위다. 가까이서 대면하는 자리에 갈 때는 가급적 깨끗한 구두를 신는 것이 좋다.

8. 차나 커피를 권하면 거절하지 말 것

영어의 커피coffee가 아랍어의 카후와qahwa에서 나왔을 정도로, 중동 지역에서는 어디를 가더라도 커피를 대접받는다. 차도 아랍어로는 샤이shai 혹은 차이chai로 발음된다. 우리가 차라고 부르는 것과 발음이 약간 다른 것이다. 중동의 차는 오래전에 중국에서 들어왔다.

중동에서 식사 초대를 받으면 식탁에 앉기 전에 응접실에서 차와 커피를 마시면서 한동안 대화를 나눈다. 커피와 차를 대접받았을 때 'No'라고 말하면 주인의 위신을 실추시키는 태도로 간주된다. 환대를 거절하면 주인은 당혹스러워한다. 중동인들은 주인으로서 행세하길 좋아한다. 주인의 위신을 높여주는 행동이 바람직하다. 특별한 사정이 없는 한 마시는 것이 좋다. 커피는 보통 두세 잔을 마시는데, 오른손으로 받아서 홀짝홀짝 마시면 된다. 이때 잔을 내려놓으면 안 된다. 들고 있는 잔이 비면 또 따라줄 것이다. 잔을 비우고 더 이상 마시지 않고 싶을 경우에는 빈 잔을 손에 든 채 좌우로 빠르게 흔들면 된다. 충분히 마셨다는 신호다. 잔을 수거해 갈 것이다.

중동의 전통 커피는 작은 찻잔에 나오는데, 다소 쓴맛이 나거나 향신료가 섞여 나온다. 보통 중동의 대표적 과일인 대추야자를 커피와 함께 먹는다. 차로는 홍차가 일반적이다. 설탕을 많이 넣어 먹는 편이다. 보통 작은 유리잔에 나오는데, 다 마신 후에는 빈 잔을 그대로 테이블 위에 두면 된다.

9. 선물은 필수, 선택은 신중

아랍 도시의 거리를 걷다 보면 선물가게가 유난히도 많다. 국민소득이 낮은 비산유국에 가도 그렇다. 가게가 많다는 것은 찾는 손님이 적지 않다는 것을 의미한다. 선물은 아랍에서 '인맥을 구축하고 유지'하는 데 필수적이다.

아랍의 가장 중요한 전통 중 하나는 '명예'다. '체면'이라고도 할 수 있다. 사무실이나 집을 방문할 때 빈손으로 온다면 자신의 사회적 지위를 얕본다고 생각한다. 면전에서 인상을 구기지는 않지만, 자신의 부인, 가족 그리고 다른 손님들 앞에서 체면이 깎였다고 느낄 것이다. 비즈니스 미팅의 경우에는 고가의 선물이 오가지 않는다. 계약이 체결되고 감사의 표시로 수수료를 줄 때는 주로 현금이 오간다. 간단하면서도 정성이 담긴 선물이면 된다. 세심하게 상대방의 건강을 챙겨주는 인삼차 등이 가장 좋다. 아랍 남성들은 부인에게도 많은 선물을 한다. 주로 금과 보석 혹은 명품이다. 부인의 열 손가락과 팔목을 모두 금으로 치장해주는 경우가 많다. 이는 편안한 가정생활을 위해 부인의 '체면'을 살려주는 남편의 사상한 배려다.

다만 우상을 금기시하는 이슬람의 전통을 고려할 필요가 있다. '알라 외에 다른 신은 없다'는 강력한 유일신 사상을 가진 이슬람은, 사도 무함마드도 신성이 전혀 없는 100퍼센트 인간으로 보기 때문에 성화가 없다. 혹시나 우상화 혹은 신성화될 것을 우려해 무함마드의 얼굴도 그리지 않는 것이다. 따라서 동물이나 사람을 형상화한 조각, 인형, 인물화 등은 선물로 삼가야 한다.

10. 상대방 소유물에 대한 관심은 금물

중동에서는 만나는 사람의 소지품 혹은 방문한 장소의 특정 물품에 지나친 관심을 보여서는 안 된다. 예컨대 시계가 멋있다고 한 번 정도 말하는 것은 괜찮지만, 여러 번 반복하면 상대방은 부담스러워한다. 방문한 집의 꽃병이 예쁘다고 한 번 말하는 것은 괜찮지만, 여러 번 반복하고 자꾸 만져보면 그 집의 주인은 고민하게 된다. 손님이 마음에 들어 하는 그 물건을 주어야 할지 말아야 할지 갈등에 휩싸이는 것이다.

여러 번 반복하지만 중동인들이 가장 자부심을 갖는 전통은 환대다. 방문한 혹은 초대한 손님을 잘 대접해야 한다는 강박관념까지 가지고 있는 사람들이다. 자신을 찾아온 손님이 자신의 물건에 관심을 가지면, 그것을 선물로 줄 수 있는 통 큰 마음을 가지고 있어야 한다고 생각한다. 결국 그 물건을 선물로 포장하는 사태가 발생한다. 그렇게 되면 받자니 그렇고 안 받자니 주인이 서운해하는 당혹스러운 상황이 이어진다.

한번은 필자의 사무실을 찾아온 아랍인의 라이터를 보고 멋있다

며 만져본 적이 있다. 그런데 그가 떠난 후 내 테이블 위에는 그 라이터
가 남겨져 있었다. 직접 주면 받지 않을 것 같으니 조용히 선물로 남겨
놓고 간 것이다.

11. 침묵은 악, 수다는 금

'침묵은 금이다'라는 금언이 있다. 그러나 아랍에서는 통용되지
않는 말이다. 즐겁게 대화에 참여하는 것이 예의다. 체면을 중시하는
아랍에서는 손님이 침묵을 지키고 있으면 노심초사한다. '자신의 대
접에 문제가 있나'라는 생각을 하게 되는 것이다.

황량하고 메마른 사막에 사는 유목민들은 밤에 모닥불을 피워놓
고 이야기를 하면서 무료한 시간을 보냈다. 이 '디완diwan'이라는 사랑
방 문화가 아직도 아랍 성인들의 여가 사용 방법이다. 《아라비안나이
트》의 샤흐라자드는 천 하루 밤 동안 재미있는 이야기를 해 목숨을 구
하고 왕의 사랑까지 얻게 된다. 아랍인들은 해가 지면 차를 마시면서
이런저런 이야기를 하면서 친목을 도모한다. '밤새 이야기하다'라는
표현이 '사마라samara'라는 한 단어로 존재할 정도다.

아랍인들은 식사를 하면서 대화를 잘 하지 않는 우리나라 드라마
장면이 이해되지 않는다고 말한다. 침묵보다는 수다가 아랍에서는 더
잘 통한다. 가벼운 대화에 적극 참여하면서 부드러운 분위기 속에서

사업 이야기를 꺼내는 것이 일반적이다. 무겁고, 딱딱하고, 공식적인 분위기에서는 진심이 담긴 이야기보다는 피상적이고 '외교적인' 대화만 오가게 될 것이다.

12. 흥정은 웃으며, 협상은 여유 있게

아랍인들은 '흥정'을 즐긴다. 그것도 느긋하게 시간을 두고 한다. 낙타 등에 물건을 싣고 몇 주 동안 사막을 건넌 대상들은 목적지에 도착하면 최소 며칠을 쉬면서 정비하고 값을 흥정하고 물건을 넘긴다. 그리고 또 다른 목적지로 향한다. 이런 상인의 삶을 5,000년 이상 유지해온 민족이다. 이들에게는 '박리다매'라는 개념에 익숙지 않다. 목숨을 걸고 하는 무역이기 때문에 상당히 높은 이윤을 추구한다. 따라서 '가격 지르기' 문화가 팽배해 있다. '바가지'라는 개념도 없다. 낮은 가격에 구매해서 높은 가격을 받고 파는 것은 훌륭한 상행위다. 비난받을 일이 아니다. 우리의 거래 개념과는 다르다.

아랍인들은 차를 마시며 농담을 하며 몇 시간 동안 즐겁게 흥정하면서 서로 수용할 수 있는 가격을 찾아나간다. 아무리 터무니없는 가격에 대해서도 판매자든 구매자든 절대 화내지 않는다. 파는 사람은 당연히 비싸게 팔고 싶고, 사는 사람은 당연히 싸게 사고 싶다는 것을 서로 존중하기 때문이다.

따라서 아랍권 여행 시 물건을 살 때 흥정은 필수다. 또 비즈니스 출장의 경우 협상은 '가격 결정권자'가 담당하는 것이 바람직하다. 현지에서 여유를 가지고 흥정할 수 있어야 한다. 협상 중에 본사에 전화를 걸어 물어보겠다는 행동은 '더 깎을 여지가 있는 가격'으로 받아들여진다.

13. 칭찬은 중동 상인을 춤추게 한다

남성 중심의 가부장적 권위주의 인식 체계를 가진 중동에서는 이 전통을 유지하기 위한 명예와 체면 문화가 팽배해 있다. 지도자는 물론 일반인 남성들도 위엄을 갖추고자 한다. 비방과 중상, 모욕은 용인할 수 없는 행동이다. 서로에게 '좋은 말'을 해주는 것이 중요한 전통이다. 사실과 다르고 지나치게 과장된 것이어도 문제가 되지 않는다.

중동에는 무자말라 mujamalah라는 문화가 있다. '아름답게 하다'라는 동사의 동명사 형태다. 상대방을 좋게 평가하고 꾸며주는 것은 일종의 문화다. 따라서 '최고' 혹은 '최내'라는 밀이 싱당히 자주 쓰인다. 무안할 정도로 상대방을 높이 치켜세우는 것이 좋은 행동이다. 특히 당사자가 있는 자리에서 그를 다른 사람에게 소개할 때는 더욱 그렇다. 아랍인을 소개할 때는 최대한 치켜세우는 것이 바람직한 행동이다. 비즈니스 미팅에서도 실제로 '몇 번' 거래를 해보았더라도, '자주'

거래를 해보았는데 품질이나 신용이 '최고'인 업체라고 해당 중동 기업을 소개하는 것이 좋다.

따라서 보는 앞에서 혹은 뒤에서라도 상대방을 비하하거나 비난하는 언행은 절대 안 된다. 상대방의 명예와 체면을 구기는 행동이다. 속이 상하고 화가 나더라도 상대방과 단둘이 있을 때만 조용히 차분하게 언급해야 한다. 공식 석상에서는 최대한 즐겁게 상대방을 칭찬하는 것이 바람직하다. 이렇게 하면 높아진 체면을 유지하기 위해서라도 '큰손'이 되는 경우가 많다.

14. 험담은 날개 달린 말

중동은 가족 그리고 공동체 중심적 사회다. 기업 운영 혹은 비즈니스 전반에 가족이 참여하는 경우가 많다. 인척과 가문 혹은 부족의 구성원들이 폭넓은 네트워크를 구축하여 협력적 사업에 참여한다. 더불어 동종업계에서 인맥이 촘촘히 얽혀 있다. 경쟁업체 간에도 의례적인 상호 방문과 나름 소통의 장이 열려 있다. 때문에 소문이 빠르게 퍼진다. 특히 좋지 않은 말은 순식간에 퍼진다. 여기에 아랍 부족, 민족 그리고 국가로서의 자부심도 강하다. 외국인이 자신들의 정치제도나 국가 혹은 종교에 대해 부정적인 말을 하는 경우, 심한 상처를 받기도 한다.

따라서 협상 시 혹은 친분을 쌓은 이후에라도 다른 사람을 헐뜯는 발언이나 부정적인 평가는 삼가야 한다. 우리가 상상하는 이상으로 인적 네트워크가 강한 곳이다. 우리의 '숟가락 몇 개인지 알 정도'보다 더 친밀한 관계를 유지하는 사람들이다. 상대방과 경쟁 혹은 불편한 관계를 가진 사람이라 할지라도 부정적으로 평가하면 그 말이 전해질 가능성이 크다. 말이 전해질 경우, 그 경쟁업체는 수단과 방법을 가리지 않고 보복하는 경우도 있다. 자신의 명예가 실추되었을 경우, 중동 사람들은 최고 수준의 적개심을 갖는다.

15. 기다림은 미덕이다

'알-사브르 자밀al-Sabr Jamil.' 아랍인들이 즐겨 쓰는 표현이다. '인내는 아름답다'라는 의미다. 거칠고 황량한 사막의 힘든 삶 속에서 등장한 마음가짐을 일컫는 말이다. 서두른다고 크게 달라질 것이 없는 유목민의 삶이 반영되어 있다. 더불어 뜨거운 날씨에 지친 삶 속에서 느긋해진 자신들의 행동방식을 다소나마 위안하려는 의도도 담겨 있다. 아랍에서는 상당히 많은 것들이 천천히 진행된다. 그것이 바로 이들의 삶의 패턴이기도 하다.

종교적으로도 이들은 알라가 정해준 운명에 따라 산다. 약속을 잡으면 바로 '인샬라In Sha Allah'라고 답한다. '알라가 원하신다면'이라는 뜻이다. 한 치 앞도 내다볼 수 없는 인간이기에 알라의 뜻에 맡긴다는 것이다.

약속에 늦었다고 화를 내는 경우도 거의 없다. 기도를 위해 미팅 자리를 비우고 늦게 온다고 해서 이를 두고 비난하거나 짜증내는 사람도 없다. 특히 종교적인 이유로 늦거나 기다리게 한다면, 웃으면서 '잘 다녀왔나'라고 따뜻하게 말한다면 친분이 더욱 두터워질 것이다.

16. 화내면 모든 것을 잃는다

밝고 둥글고 온화한 인상은 중동인들이 추구하는 자신들의 모습이다. 이런 사람을 '보름달'이라고 부른다. 우리와 비슷하다. 따라서 중동인들은 화내는 사람보다는 좋은 말을 해주고 잘 웃는 사람을 선호한다. 이런 사람을 '담무 카피프damm khafif'라 칭한다. 피가 가벼운 사람이라는 뜻이다. 말을 많이 하고 웃거나 웃기기를 잘하는 사람을 좋아한다. 시의 종류 중에도 '마다흐'(칭송시)가 있을 정도다.

반대로 화를 내는 사람을 좋아하지 않는다. 더욱이 외국인이 자신에게 화를 내는 상황을 절대로 받아들이지 못한다. 이들은 외국인에 대해 일단 '손님'이라는 인식을 가지고 있다. 손님을 극진히 모셔야 하는 중동의 전통에 따라 만약 손님이 화를 내면 정말 치욕적인 상황이 되는 것이다. 중동에도 '얼굴에 먹칠한다'는 표현이 있다. 특히 다른 사람들 앞에서 자신이 '검은 얼굴'이 되는 것은 심각한 일이다. 절대로 여러 사람이 있는 곳에서 현지인에게 화를 내거나 큰소리를 치면 안 된다. 모욕감 때문에 더 이상 만나거나 교류하지 않을 것이다.

17. 비즈니스 약속은 철저히

중동 사람들은 약속을 잘 지키지 않는다는 인식이 퍼져 있다. 틀린 말은 아니다. 우리나 서양인들보다는 약속 시간에 잘 늦는 편이다. 더운 곳이기에 좀 느긋하게 행동한다. 또 알라가 정해놓은 운명에 따라 사는 사람들이기에 낙천적이기도 하다.

그러나 이런 생활습관이 모든 상황에 적용되는 것은 아니다. 예컨대 중동인들은 1분이라도 먼저 가기 위해 운전을 급하게 한다. 경적도 수시로 누른다. 자신의 이해관계가 걸린 일이라면 상당히 신속하게 움직인다. 돈 받을 것이 있다면 수시로 재촉한다. 관심이 있는 아이템이라면 한국까지도 달려온다. 부지런하다.

앞서도 말했지만 중동 국가에서는 공무원이면서도 사업을 하는 사람이 많다. 대부분 국가에서 법적으로 이를 허용한다. 공무에서는 느리지만, 자신의 사업에서는 적극적이고 빠르다. 따라서 비즈니스 관련 약속은 철저히 지켜야 한다. 늦는 것이 현지에서 일상적인 일이라고 해서 외국인도 그렇게 행동하는 것은 현명하지 않다. 약속을 어기는 외국인은 신뢰받지 못한다. 한번 신뢰가 무너지면 그 소문은 아주 빠르게 현지 업계에 퍼진다. 연줄로 서로 얽혀 있는 비즈니스 네트워크를 가진 곳이다.

18. 진솔하게 인맥을 구축해야

중동인들은 양해각서MOU나 계약서보다는 사람에 대한 신의를 중시한다. 신뢰할 수 있는 사람과 거래를 한다는 말이다. 때문에 신뢰감을 높여주는 중간자적 중개인 '와스따'와의 인맥이 필수적이다. 따라서 중동과의 교류 및 협력에는 충분한 시간, 비용 그리고 노력이 필요하다. 현지에 사무실을 두고 거주하거나 최소한 수시로 방문해야 현지인과 인간관계를 형성할 수 있다. 아무리 좋은 제안이라도 느닷없이 나타나 이야기한다면 중동인들은 큰 관심을 보이지 않는다. 이런 식으로 접근해 오는 외국인을 상대도 하지 않는 경우도 많다. 연줄과 인맥이 큰 작용을 한다.

인맥을 형성하기 위해서는 진솔한 접근법이 필요하다. 눈앞의 이익만 추구하다 보면 얼마 가지 않아 신뢰가 무너지게 된다. 5,000년 동안 장사를 최고의 비즈니스로 살아온 사람들이다 보니 상대방을 파악하는 뛰어난 직관을 지녔다. 여러 번 말했듯이 한번 신뢰가 무너지면 그 소문은 아주 빠르게 업계에서 퍼진다. 의리를 저버리는 행동도 금방 들통 나는 곳이 중동이다. 여러 번 강조하지만 연줄로 서로 얽혀 있는 인적 네트워크를 가진 곳이다. 반면 신뢰를 바탕으로 한 인맥이 구축되고 평판이 좋아진다면 '안 되는 일'도 되게 할 수 있는 곳이 중동이다.

오늘의 중동을 말하다

초판 1쇄 2016년 7월 25일
      2쇄 2016년 9월 20일

지은이 | 서정민

발행인 | 이상언
제작책임 | 노재현
편집장 | 서금선
에디터 | 정선영
디자인 | 김진혜
마케팅 | 오정일 김동현 김훈일 한아름 이연지

발행처 | 중앙일보플러스(주)
주소 | (04517) 서울시 중구 통일로 92 에이스타워 4층
등록 | 2007년 2월 13일 제2-4561호
판매 | 1588-0950
제작 | (02) 6416-3925
홈페이지 | www.joongangbooks.co.kr
페이스북 | www.facebook.com/hellojbooks

ⓒ 서정민, 2016

ISBN 978-89-278-0783-4 03900

중앙북스는 중앙일보플러스(주)의 단행본 출판 브랜드입니다.